Le renouveau du nucléaire après Fukushima

Géo-économie et Géo-finance

Collection dirigée par
Viviane du Castel et Adrienne Jablanczy

La collection « Géo-économie et Géo-finance » vise à mieux appréhender les stratégies économiques et financières internationales, liées aux enjeux et aux défis du XXIème siècle.

La nouvelle donne géopolitique a des implications directes et indirectes sur les réseaux transnationaux, influençant une nouvelle gouvernance en construction.

La dynamique économique et financière internationale s'inscrit dans une alternance de crises majeures et d'essor des nouveaux marchés.

La mondialisation devient acteur, grâce à la déréglementation et la désintermédiation financières sur les marchés, et les flux financiers gérés par des technologies toujours plus innovantes, toujours plus rapides.

Les éditions L'Harmattan ont souhaité s'inscrire dans cet essor géoéconomique et géo-financier en créant cette collection. Celle-ci se donne pour but de présenter de multiples aspects des problématiques actuelles et futures en publiant des ouvrages abordant ces thématiques.

SOMMAIRE

Les quelques décisions politiques très médiatisées à la suite de Fukushima, ont également fait évoluer la donne et les équilibres énergétiques.

Dans ce cadre, le nucléaire demeure une énergie avantageuse pour les pays qui y ont recours (peu d'émissions de gaz à effet de serre, peu polluante, prix stables et concurrentiels, approvisionnements *a priori* sans obstacles majeurs) même si préoccupante (solution transitoire pour les déchets, risque de transfert du nucléaire civil vers le nucléaire militaire).

Dans le même temps, les cours de l'uranium[5] sont soumis à des règles strictes notamment pour les cours spot[6] avec la nécessité d'un référentiel sur la qualité du produit[7]. Les indices sont élaborés par des sociétés privées qui ont

[5] Les cours de l'uranium augmentent depuis 2008, au point de voir apparaître, de nouveaux acteurs : start-up spécialisées dans l'uranium, pays émergents ou encore électriciens, qui se sont adaptés au gré des évolutions du marché, où seuls les plus solides ont résisté. De leur côté, les Etats constituent des stocks d'uranium, complexifiant un peu plus encore la géopolitique de l'uranium. Ainsi, ces derniers contrôlent le capital de leurs sociétés nationales spécialisées. Ex. : AREVA (France), Kazakomprom (Kazakhstan), Rosatom à travers ARMZ (Russie) ainsi que les entreprises privées : Cameco (Canada). L'uranium est constitué d'isotropes : U 238 (99,3%) et U 235 (0,7%). L'uranium militaire est obtenu à l'aide, soit d'isotope 235 de l'uranium (U-235), soit de l'isotope 239 du plutonium (Pu-239). www.aiea.int.

[6] On parle de cours spot lorsqu'on considère le cours actuellement en vigueur pour une transaction immédiate. C'est un contrat signé pour six ans. Ces contrats ont connus une augmentation des ventes de 15% par an. Le cours spot s'oppose aux cours forward. Viviane du Castel, « Le nucléaire au XXIe siècle : entre convoitises et craintes ou la démocratisation du nucléaire », Cahiers de Mars, Paris, juin et septembre 2008.

[7] Le traitement de l'uranium s'opère à la suite d'un balayage et d'un traitement chimique ; dés lors, l'uranium devient du yellowcake et doit être enrichi en U 235 à 3-5%. Le « yellowcake » : U308 (oxyde d'uranium). www.aiea.int.

développé une politique de traçabilité internationale et d'évolution des prix de vente[8]. La croissance exponentielle du prix spot[9] de l'uranium depuis 2006, repose sur les points suivants[10] :

- *« retournement progressif de l'opinion publique face au nucléaire qui encourage une reprise significative dans la production électrique ;*
- *production d'uranium dont la reprise peine à suivre une demande toujours plus forte ;*
- *spéculation des fonds d'investissements ;*
- *reconstitution du stock par les électriciens. »*

Les ressources sont actuellement en forte hausse et les prospections encourageantes. L'uranium n'est pas un produit rare : c'est son marché qui est volatile et fortement spéculatif. Il est également lié aux enjeux géopolitiques.

La Russie disposerait de 40% des capacités mondiales d'enrichissement d'uranium[11]. Le Kazakhstan, l'Australie et le Canada à titre d'exemple, disposent de réserves exploitables très importantes.

---

[8] Ex. : Cours de l'uranium : 50-60 $/1b ; 80$/1b pour du yellowcake. Le coût de la transformation en combustible nucléaire est de 2cts d'euros, pour l'enrichissement : 3,1cts d'euros, pour le recyclage : 1,5cts d'euros. Rapport AIEA, 2009 et Sylvain Mathon, « A quand le retour de l'uranium ? (II) », L'Edito des matières premières, 7 mars 2008.

[9] Le cours est passé de 20 $ la livre, en 1990, à plus de 148 $, en juillet 2008. Le cours de l'uranium varie selon les pays : Kazakhstan : 20 $, Canada : 25 $, Niger : 40 $, Namibie : 50 $... World Nuclear Association, 2009.

[10] Philippe Chalmin, « Cyclope- Les marchés mondiaux 2009 », Economica, Paris, 2009.

[11] www.aiea.int.

Julie Monfort *et* Viviane du Castel

Le renouveau du nucléaire après Fukushima

L'Harmattan

5-7, rue de l'École-Polytechnique ; 75005 Paris
http://www.librairieharmattan.com
diffusion.harmattan@wanadoo.fr
harmattan1@wanadoo.fr
ISBN : 978-2-296-99797-4
EAN : 9782296997974

Dans le même temps, les conditions géopolitiques actuelles ne semblent pas s'orienter vers une dénucléarisation[12] en profondeur pour la plupart des pays ayant recours au nucléaire comme composante essentielle de leur bouquet énergétique[13].

L'uranium connaît de plus en plus d'utilisations[14] :

- *« combustible ;*
- *emploi, après dilution de matières militaires russes (15% des besoins : fin 2013) ;*
- *ré-enrichissement de l'uranium appauvri issu de l'enrichissement de l'uranium naturel ;*
- *recyclage de l'uranium issu du traitement des combustibles usés ;*
- *économie faite sur la matière, par augmentation du taux de combustion des éléments combustibles et diminution du taux de rejet de l'uranium appauvri issu de l'enrichissement. »*

Les matières nucléaires sont réparties selon un classement spécifique, en trois catégories essentielles qui sont fonction du poids de plutonium contenu et sont donc soumis à des classifications spécifiques[15].

---

[12] Sylvain Mathon, « A quand le retour de l'uranium ? (II), L'Edito des matières premières, 7 mars 2008.

[13] Toutefois, la politique du Président Français, François Hollande, envisage une diminution conséquente de la part du nucléaire dans le bouquet énergétique français, d'ici 2050, pour des raisons essentiellement électoralistes qui entraîneront à terme de lourdes conséquences pour la France (perte d'indépendance, perte de leadership, perte de savoir-faire technologique…).

[14] Philippe Chalmin, « Cyclope - Les marchés mondiaux 2009 », Economica, Paris, 2009.

[15] Catégorie I : entre 3g et 400g, zone hautement protégée : accès contrôlé et surveillance constante ; catégorie II : entre 400g et 2kg, zone hautement protégée : accès contrôlé et surveillance constante ; catégorie III : + de

Dans les années 1970, la France avait entamé la construction du surgénérateur Superphénix (prototype refroidi au sodium fondu) à Creys-Malville. L'objectif était de recycler l'uranium enrichi de manière à limiter le besoin de renouvellement. Ce programme Fast Breeder Reactor (FBR) aurait pu fonctionner également avec un alliage de plomb ou des sels fondus[16] voire de l'eau supercritique (c'est-à-dire au-delà du point critique où état liquide et état gazeux sont distincts). En 1981, la décision politique d'arrêt du programme a été prise. Dans les années 1990, Superphénix a été prolongé par Rapsodie actuellement en voie de démantèlement. Phénix et le projet européen EFR (European Fast Reactor) ont pris le relais.

Au Kazakhstan, le BN-350 (surgénérateur soviétique de puissance modeste) a fonctionné de 1977 à 1999 combinant production d'électricité, génération de plutonium et dessalement d'eau de mer.

A la même période, le Japon a construit un FBR expérimenté à Tsuruga, arrêté en 1995, à la suite d'une fuite de sodium.

En 2010, la Chine et la Russie coopèrent sur un réacteur rapide de petite puissance le CEFR (China Experimental Fast Reactor) de 65 MWe mise en service en 2012 (600 MWE type Beloyarsk-4) puis en 2013 une centrale de 1500 MWE[17].

Les Réacteurs à gaz à Haute Température (HTR : High Temperatur Reactor) a démarré dans les années 1960-1970

2kg, zone d'accès contrôlée. Henri Métivier, « Plutonium- Mythes et réalités », EDP Sciences, Paris, 2010.

[16] Les réacteurs à sels fondus conviendraient à l'emploi du thorium dont les déchets sont très faibles et la sécurité optimale. Henri Métivier.

[17] Pierre Bonnaure « Le grand retour du nucléaire ? » Futurible janvier 2011.

Introduction

Au moment ou la Russie, la Chine et les Etats-Unis se livrent une guerre économique sans merci pour la maîtrise des matières premières, notamment énergétiques, les problématiques liées au nucléaire prennent une nouvelle ampleur internationale.

L'énergie nucléaire controversée suite à l'incident de la centrale nucléaire de Fukushima-Daïchi (Japon) revient sur le devant de la scène tant ses avantages supplantent les risques potentiels.

Il est d'ailleurs significatif d'analyser les conséquences des différents incidents de Three Miles Island (Etats Unis) et de Tchernobyl (Ukraine) qui tout comme pour Fukushima n'ont remis le nucléaire en question que pour un temps.

La raréfaction des hydrocarbures même tempérée par les nouvelles découvertes de gisement de pétrole et de gaz non conventionnels (gaz et pétrole de schiste), les incertitudes géopolitiques, la fluctuation et la volatilité des prix amènent, depuis les années 2000, une conjoncture qui favorise l'énergie nucléaire à usage civil.

Ce renouveau du nucléaire est au rendez-vous même si les investissements concrets ne sont pas encore à la hauteur des besoins et des annonces, même si l'énergie nucléaire est aujourd'hui encore victime du « péché originel » que constitue la confusion entre nucléaire civil et nucléaire militaire. Les deux sont indépendants même si techniquement (production de plutonium) et donc politiquement liés.

Au delà de la question de la sécurité, le nucléaire constitue une réponse aux enjeux en termes d'indépendance énergétique en particulier pour l'Europe lié notamment au gaz (venant essentiellement de Russie), au pétrole (venant du Moyen-Orient).

Par ailleurs, les énergies renouvelables ne constituent pas une alternative. Elles sont à la fois aléatoires et intermittentes. En France, faute de réglementation favorable à l'auto-consommation, l'énergie produite doit être transportée avec les pertes qui en découlent.

Le nucléaire ou éventuellement, le charbon ou le gaz sont les compléments indispensables pour assurer la sécurité et la continuité d'alimentation.

Une production qui progresse

Ainsi, la production électronucléaire fournit 16% de l'électricité mondiale.

Le tableau ci-après permet une lecture plus directe sur la répartition de la production mondiale d'électricité d'origine nucléaire[1] :

Pays	Pourcentages (%)
Etats-Unis	30,8
France	16,2
Japon	9,7
Russie	5,9
Corée du Sud	5,3
Allemagne	5,2
Canada	3,4
Ukraine	3,4
Suède	2,5
Grande-Bretagne	2,3
Reste du monde	15,3

[1]Rapport AIEA, 2010.

Dans le mix énergétique, la production d'électricité d'origine nucléaire correspond à des systèmes centralisés. Il s'agit d'une énergie qui intervient en ruban avec peu de modulation possible. L'énergie d'origine thermique complète le mix également « en ruban » avec un temps de montée en puissance assez long.

L'énergie d'origine hydraulique peut assurer la « dentelle » et la « pointe » par sa réactivité. Les énergies renouvelables interviennent, elles, de manière aléatoire sur le réseau.

Par ailleurs la production d'énergie nucléaire n'est pas émettrice de CO2.

Le développement du marché international de l'industrie nucléaire est lié à la compétitivité des centrales de production face à leurs concurrents utilisant des énergies fossiles (pétrole, gaz, charbon).

Dans le même ordre d'idées, il convient de regarder la part du nucléaire dans la production domestique : [2]

Pays	Pourcentages (%)
France	77,9
Ukraine	47,2
Suède	45
Corée du Sud	33,6
Japon	23,5
Allemagne	22,3
Etats-Unis	19,4
Grande-Bretagne	16,1
Russie	15,8
Canada	14,6
Reste du monde*	6,6

*La Chine dispose de 13 réacteurs qui représentent 1,9% de l'électricité nationale. Mais il existe 182 projets : 23 sont en cours, 39 sont programmés et 120 proposés.

[2] Rapport AIEA, 2010.

La durée de vie des centrales qui augmente

L'intensité capitalistique de ces centrales impose des retours sur investissements a minima de vingt ans, mais cette rentabilité peut fortement varier selon l'évolution des prix des combustibles fossiles[3] et la durée de vie des centrales.

Aujourd'hui, en France, l'amortissement des centrales nucléaires est calculé sur 30 ans. Néanmoins, les visites décennales effectuées par l'Autorité de Sureté Nucléaire (ASN)[4] permettent de prolonger par tranche de 5 ou 10 ans sous réserve des opérations de maintenance nécessaires.

Ainsi, Fessenheim et Tricastin viennent de se voir autoriser d'aller pour le moment jusqu'à 40 années. L'objectif est de rejoindre le référentiel américain qui va jusqu'à 60 années.

Des matières premières à enjeux

A la suite de la récente crise économique et financière (2007-2009), les marchés des matières premières ont subis des contrechocs importants, entrainant des analyses géopolitiques aux incidences fondamentales sur le panorama général et les perspectives induites au plan mondial.

---

[3] Philippe Chalmin, « Cyclope - Les marchés mondiaux 2009 », Economica, Paris, 2009.

[4] « *En juillet 2009, l'ASN a pris position sur les aspects génériques de la poursuite d'exploitation des réacteurs de 900 MWe. Elle n'a pas identifié d'éléments mettant en cause la capacité d'EDF à maîtriser la sûreté des réacteurs de 900 MWe jusqu'à 40 ans après leur première divergence. Néanmoins, cette appréciation générique ne tient pas compte d'éventuelles spécificités de réacteurs. Cette position générique de l'ASN sera donc complétée par une position réacteur par réacteur dans chaque centrale nucléaire en s'appuyant notamment sur les résultats des contrôles réalisés pour la troisième visite décennale et sur l'évaluation du rapport de réexamen de sûreté du réacteur* ». http://www.asn.fr/.

Les enjeux économiques et politiques

Actuellement, en Europe, à la suite de la libéralisation du secteur de l'électricité, la France fonctionne avec deux systèmes de prix :

- *« les « prix réglementés, calés sur le coût de production de l'électricité »*[26] *dit tarif historique ;*
- *les « prix en offre de marché », qui varie en fonction des prix sur le marché de gros européen. »*

La France, à travers sa filière, est le pays qui a le plus investi dans le nucléaire. Mais ce système se heurte à la politique de concurrence de l'Union européenne (UE), dans la mesure où Paris construit un EPR en Finlande et à Flamanville. La France parvient à gagner des parts de marché à l'international alors que dans le même temps, ses concurrents, sont dans l'impossibilité de construire des centrales nucléaires[27] sur le territoire national[28].

---

[26] A 78% nucléaire et à 12% hydraulique.

[27] Une centrale nucléaire peut comporter plusieurs tranches (réacteurs) qui peuvent être de différentes puissances : 900, 1.300, 1.450 MW pour un rendement thermique de 30% fonctionnant environ 8.000h par an. Chaque tranche est arrêtée pour rechargement et entretien tous les ans, pour 5 à 10 semaines. La durée de vie d'une centrale est de 30 ans prolongeables. Les investissements sont différents selon les types de réacteurs : réacteur classique : 2 milliards d'euros ; EPR : 4 milliards d'euros ; centrale classique : 0,05 $/KWh. Les constructeurs sont essentiellement Areva (France), Atomprom (Russie), General Electric (Etats-Unis), Mitsubishi (Japon), Toshiba-Westinghouse (Japon). Les filières se décomposent en quatre générations : la première, uranium naturel graphite gaz UNGG est actuellement caduque ; la deuxième, à eau pressurisée (REP ou PWR) est actuellement en activité à travers le monde, avec 55% de réacteurs sous pression, 22% à eau bouillante, 13% de conception russe et 10% à eau lourde. Ces chiffres devraient doubler d'ici 2050. L'avenir est composé de la troisième génération, EPR à rendement à 36-37% et de faibles déchets. La puissance est de 1.600 MW pour une durée de vie de 60 ans

Fin 2010, la loi NOME à travers la création de l'Accès Régulé à l'Energie Nucléaire Historique (ARENH), peut se mettre en conformité avec les directives européennes et faciliter l'ouverture du marché en amont. Cette mesure devrait permettre aux fournisseurs alternatifs de proposer des tarifs attractifs et d'optimiser leur modèle économique.

L'EPR[29] devrait quant à lui, permettre à tous les opérateurs d'investir en Europe[30].

AREVA[31] et la France disposent d'un modèle qui a inspiré la Russie et que la Chine favorise en envisageant, notamment, la construction d'EPR sur son territoire. L'EPR, confié à EDF et son Centre National d'Equipement Nucléaire (CNEN), ainsi

---

avec un coût estimé à 4 milliards d'euros pour une production d'électricité de 30 à 50% moins chère et la quatrième génération (2030), surgénérateurs à neutrons rapides qui ont une durée de vie de 60 ans et qui utilisent de l'uranium appauvri issu de l'enrichissement, minimise les produits radioactifs de longue vie et recycle les déchets au maximum en les brûlant à 80% ; le réacteur à fusion nucléaire : ITER. Maurice Reyne, « Les énergies-Comparaisons techniques et socio-économiques », Hermès-Lavoisier, Paris, 2009.

[28] Les concurrents directs de l'EPR français se positionnent : Hitachi-Général Electric en Lituanie (réacteur ABWR à eau bouillante), Westinghouse (AP100)…

[29] EPR : European Pressurised Reactor - réacteur pressurisé européen. Il existe deux versions de l'EPR : ATMEAI qui est de la troisième génération avec 1.000-1.150 MW, un rendement de 37% avec un combustible MOX issu du retraitement et un suivi de change de 30 à 100%. Les garanties de sécurité sont accrues face au risque de fusion du cœur, chute d'avion, tremblement de terre, attaque terroriste. Il aura la certification en 2011 et sera mis en service en 2020. Les offres à l'exportation sont prévues dés 2013-2015 ; KERENA qui est également de la 3e génération avec une puissance de 1.250 MW. Il sera développé par AREVA. « Le nucléaire », Passages n°163, 2e trimestre 2010.

[30] Paul Champsaur, « Rapport de la Commission sur l'organisation du marché de l'électricité », Paris, avril 2009 ; et Frédéric Marillier, « EPR, l'impasse nucléaire », Syllepse, Paris, 2008.

[31] Areva : fusion de Cogema et Framatome. L'Etat y est actionnaire.

qu'avant 2011, Siemens et NPI (Allemagne) poursuivent quatre objectifs majeurs[32] :

- « *respecter les approches de sûreté des autorités françaises et allemandes en tirant les enseignements des accidents de Three Mile Islands, de Tchernobyl [et aujourd'hui Fukushima] ;*
- *améliorer la compétitivité du nucléaire en produisant le KWh à un coût inférieur à celui du palier N4 (1.495 MW) ;*
- *offrir une durée de vie de 60 ans et une disponibilité moyenne de 92% ;*
- *intégrer le retour d'expérience des paliers précédents des programmes PWR français et allemands* ».

S'ils doivent constituer une référence, les deux prototypes de l'EPR en Finlande et à Flamanville très chers, très spécialisés, très sophistiqués et très (trop) puissants ont mis en lumière des dysfonctionnements et des retards accumulés de livraison et d'entrée en production, sachant qu'il s'agit néanmoins à la fois de tête de séries et de prototypes.

Il manque à la France un modèle de type 600MW pour répondre aux besoins du marché (type PECO…) sans pour autant se situer dans le « low-cost ».

Pour améliorer la compétitivité du nucléaire français, dans le cadre du rapport sur l'avenir de la filière française du nucléaire civil qu'il lui a été remis le 16 juin 2010 à Nicolas Sarkozy, Président de la République, François Roussely préconise la coordination de la filière sous l'autorité d'EDF.

---

32 « Le nucléaire », Passages n°163, 2e trimestre 2010.

Globalement, le nucléaire est une énergie à laquelle de plus en plus de pays ont recours, dans leur bouquet énergétique. Le tableau ci-après de l'évolution de la consommation mondiale d'énergie primaire est révélateur[33] :

Energie primaire	1998 (en milliards Tep)	2050 (en milliards Tep)
Charbon	**2,22**	**3,1**
Pétrole	**3,39**	**3,8**
Gaz naturel	**2,02**	**2,5**
Energies renouvelables	**1,33**	**1,9**
Nucléaire	**0,62**	**0,7**
Total	**9,58**	**12**

Le nucléaire est aussi un élément de prestige national.

De nombreux pays, tels que l'Algérie, le Maroc, le Kazakhstan, le Vietnam, la Jordanie, le Nigéria, les Emirats Arabes unis (etc.) veulent avoir recours au nucléaire civil.

Cette situation est encore plus forte pour les pays producteurs d'hydrocarbures, dans la mesure où l'énergie nucléaire offre une forte compétitivité[34] en dépit d'un investissement initial lourd.

De plus, les Etats sont actuellement conscients des pics de production des énergies fossiles (tempérées par les

[33] Anne Lauvergeon et Michel H. Jamard, « La troisième révolution énergétique », Plon, Paris, 2010.

[34] Hors matières premières, les coûts de production de l'électricité nucléaire s'opèrent sur les marchés nationaux. [34] Anne Lauvergeon et Michel H. Jamard, « La troisième révolution énergétique », Plon, Paris, 2010.

découvertes récentes de gaz et de pétrole de schiste) et mettent en place des politiques de régulation de leur consommation où le recours au nucléaire leur permet d'accroître la part exportable de leur production d'énergies fossiles.

Le nucléaire civil a également des implications sur les stratégies environnementales, en ce sens, qu'il n'est pas émetteur de gaz à effets de serre, ne nuit pas aux énergies renouvelables[35] accroît l'accès à l'eau potable grâce au dessalement de l'eau de mer[36]…

Actuellement, les spécialistes s'accordent à considérer que la part du nucléaire dans les politiques énergétiques des prochaines années, devrait stagner ou légèrement augmenter alors même que celle du gaz connaîtrait une progression plus rapide que celle du pétrole (+ 1,8% par an contre 1% pour le pétrole d'ici 2030).

Ainsi le tableau ci-après met en relief la capacité nucléaire des Etats et leur capacité de soft power qui en découle[37]. Il intègre les réacteurs en construction mais pas ceux en projet.

---

[35] Le nucléaire accroît la capacité de lutte contre le réchauffement climatique. [35] Anne Lauvergeon et Michel H. Jamard, « La troisième révolution énergétique », Plon, Paris, 2010.

[36] Anne Lauvergeon et Michel H. Jamard, « La troisième révolution énergétique », Plon, Paris, 2010.

[37] AIEA, 2010.

Pays	Nombre de réacteurs en service	Nombre de réacteurs en construction (puissance en MW)
Etats-Unis	104	1 (1.165)
France	59	1 (1.600)
Japon	55	1
Russie	31	8 (5.944)
Corée du Sud	20	6 (6.520)
Royaume-Uni	19	-
Canada	18	-
Allemagne	17	-
Ukraine	15	2 (1.900)
Chine	11	21 (20.920)
Suède	10	-
Espagne	8	-
Mexique	2	-
Chili	2	-
Argentine	2	1 (692)
Finlande	4	1 (1.600)
Pays-Bas	1	-
Belgique	7	-
Suisse	5	1
Corée du Nord	-	1
Arménie	1	-
Iran	1	-915)
Pakistan	2	1 (300)
Inde	18	5 (2.708)
Taïwan	6	2 (2.600)
Afrique du Sud	2	1
Bulgarie	2	2 (1.906)
République tchèque	6	1
Slovaquie	4	2 (810)
Hongrie	4	-
Roumanie	2	-
Ensemble du monde	437	56

Le nucléaire civil fait actuellement partie intégrante de la politique extérieure de nombreux Etats, dans la mesure où il participe d'un objectif majeur, le développement et/ou la défense des ressources mais aussi des entreprises et des échanges.

Les problématiques énergétiques constituent le point de convergence de logiques géopolitiques, d'intérêts économiques, d'obligations internationales, de facteurs humains, de convoitises territoriales, d'impératifs stratégiques, d'ambitions régionales, de relations avec des entités non étatiques légales[38] et/ou des entités illégales[39]...). Elles permettent de répondre de façon appropriée à des intérêts sécuritaires, en mettant à disposition tous les moyens nécessaires pour y parvenir[40].

La compétitivité du nucléaire dépend des coûts de financement (actuellement 30% du KWh produit). Ainsi, pour financer à faible coût le nucléaire, il est nécessaire de sécuriser les ventes. Certaines entreprises nucléaires se sont ainsi restructurées, comme Areva (France) qui, le 25 janvier 2010, a créée d'une part six « Business group » :

- *« mines,*
- *amont,*
- *réacteurs et services,*
- *aval,*
- *énergies renouvelables*
- *T&D[41])*

et d'autre part,

- *une direction « Ingénierie et projets transverses »,*
- *tout en renforçant la fonction marketing et ventes[42]. »*

---

[38] ONG, UE, FMI, ONU,...

[39] Mafias, zones grises, terroristes, guérillas...

[40] Patrice Gourdin, « Géopolitiques », Choiseul, Paris, 2010.

[41] Le 7 juin 2010, les entreprises Schneider et Alstom ont acquis T&D (filiale de transmission et de distribution d'électricité d'Areva). Jean-Paul Tricoire, « Schneider aura intégré Areva Distribution au début de 2011 », Les Echos, 8 juin 2010.

[42] www.areva.com.

Le nucléaire évolue, pour l'essentiel, sur des marchés de fournitures à long terme. En France par exemple, seul 10% des besoins en uranium s'effectue sur le marché au comptant.

En France, constitutionnellement, c'est le Président de la République qui est le chef de file du nucléaire et c'est l'Etat qui est l'actionnaire principal d'EDF (84,7%), Areva (+90% via le Commissariat à l'énergie atomique [CEA] et d'autres porteurs), GDF-Suez (35,6%)[43].
Dès lors, c'est l'Etat qui décide de l'implantation de nouvelles centrales et qui entretient des relations politico-diplomatiques avec les autres pays.

Le 8 mars 2010, en ouverture de la Conférence internationale sur le nucléaire, à Paris, le Président français, Nicolas Sarkozy, a fait appel *« à développer et financer la technologie du nucléaire civil dans le monde » (...), meilleur moyen pour limiter la tentation de l'arme atomique »*[44].

C'est sans doute dans ce contexte que s'inscrit l'éventuelle contribution de la France à la construction d'une centrale nucléaire en Israël. Il s'agit d'un projet commun avec la Jordanie, sous la supervision de la France.

Dans ce même ordre d'idées, le CEA va se lancer dans la construction d'un prototype de la 4e génération de réacteur, ASTRID (Advanced Sodium Technological Reactor for Industrial Demonstration)[45]. Ce prototype devrait permettre

---

[43] Areva est présent sur l'ensemble de la filière nucléaire (mines/uranium naturel, conversion/chimie, enrichissement, combustible, traitement, recyclable (combustible Mox). www.areva.org.
[44] www.conferenceparis-nucleairecivil.org.
[45] Astrid devrait fonctionner grâce à de l'uranium 238 afin d'amplifier les réserves disponibles. Le réacteur à une capacité de 600 MWe. « Rapport d'évaluation n°3 de la Commission nationale d'évaluation des recherches

de suivre l'injonction de la loi de 2006 sur les déchets nucléaires, dans la mesure où il recycle le plutonium ainsi que d'autres produits hautement radioactifs (curium, neptunium,...).

La force du modèle nucléaire français repose sur trois piliers fondamentaux qui sont autant d'ancrages potentiels en vue du développement d'une politique commune européenne dans le domaine du nucléaire civil [46]:

- *« en France, tant l'opinion publique que les politiques sont majoritairement favorables au développement du nucléaire civil, moteur de l'indépendance énergétique du pays avec des réseaux anti-nucléaires dont les motivations et les moyens d'action peuvent être différents ;*
- *Paris dispose des plus grandes puissances installées*[47] *;*
- *la chaîne de production englobe l'ensemble de la filière nucléaire*[48]*. »*

Toutefois, la France se heurte à un frein majeur qui est son expansion à l'international. En effet, si l'EPR est un produit original et compétitif, -visant à améliorer la rentabilité économique et la sûreté-, il n'est cependant pas suffisant pour répondre à l'ensemble de la demande mondiale de nucléaire civil, demande de plus en plus diversifiée.

---

et études relatives à la gestion des matières et des déchets radioactifs », La Documentation française, Paris, juillet 2009.

[46] « Rapport d'évaluation n°3 de la Commission nationale d'évaluation des recherches et études relatives à la gestion des matières et des déchets radioactifs », La Documentation française, Paris, juillet 2009.

[47] 58 centrales avec EDF, comme acteur majeur pour les questions de gestion.

[48] Avec Areva comme acteur majeur.

Dès lors, la France doit se lancer dans une politique d'ouverture et de partenariats et l'Union européenne apparaît alors comme un tremplin tout indiqué.

Le modèle français d'indépendance énergétique, tel qu'il est aujourd'hui, perdurera-t-il et pourrait-il constituer au plan international un modèle de reconversion énergétique ? Pourrait-il être compatible avec les ambitions géopolitiques de certains Etats hégémoniques ?

L'émergence du gaz et du pétrole de schistes en Europe et la maîtrise de la capacité technique mais surtout politique à les exploiter sont un élément de la nouvelle donne géopolitique en construction. Elle s'est bâtie autour d'impératifs géoéconomiques qui la poussent vers une interprétation inédite de l'exploitation des ressources naturelles afin de parvenir à une transition énergétique plus pragmatique.

Cet absolu[49] devient essentiel pour l'avenir de l'Union européenne, face à un coût de l'énergie qui ne cesse de croître. Dès lors, le nucléaire civil apparait comme une option stimulante mais aux implications fortes (transferts de technologie, développement de l'innovation et des pôles de compétitivité…). Ainsi, cette énergie en devenir apporte-elle de nombreuses réponses tant économiques que politiques ou stratégiques (sûreté, flexibilité, utilisation durable…)[50].

Les énergies renouvelables, hors hydroélectricité et biomasse[51], auront une croissance d'environ 7% par an[52].

---

[49] Fortes variations de la demande énergétique, hausse de l'efficacité énergétique, accroissement de la part des énergies alternatives, développement du nucléaire civil…

[50] Michel JF Dubois, « La transition énergétique », Desclée de Brouwer, Paris, 2009.

[51] Biomasse : ensemble de la matière organique d'origine végétale ou animale pouvant devenir des sources d'énergie. www.ademe.fr

Dans le même temps et dans d'autres pays, le nucléaire est devenu une véritable arme énergétique et politique pour certains Etats (Iran, Corée du Nord, Amérique latine) tout en s'affichant comme un enjeu de la sécurité énergétique internationale.

L'énergie nucléaire peut-elle devenir, à terme, une source d'énergie comme une autre ? L'équilibre de la géopolitique de l'énergie va-t-il se modifier au point de créer de nouveaux désordres internationaux et une inversion des équilibres mondiaux ? L'étude ci-après se focalisera ainsi sur trois axes majeurs :

- le nucléaire, pivot de la sécurité énergétique des Etats ou arme diplomatique ?
- une énergie politisée aux multiples facettes ?
- une énergie conflictuelle ?

---

[52] Laurent Milliat, Dexia Asset Management, décembre 2008 et Yannick Roudaut, « Les spécialistes de l'énergie demeurent incontournables », Le Monde 14-15 décembre 2008.

I- Le nucléaire, pivot de la sécurité énergétique des Etats ou arme diplomatique ?

Sécurité énergétique

La vulnérabilité énergétique s'accroît de plus en plus et corollairement, l'énergie nucléaire représente 16% de la production électrique mondiale. Elle apparaît de plus en plus comme une composante majeure de la sécurité énergétique de demain. Cette dernière est assurée par tous les acteurs de la communauté internationale (Etats, institutions internationales, compagnies pétrolières, ONG, populations,...) tant la sécurité énergétique amène des changements, souvent radicaux dans les systèmes énergétiques globaux.

La sécurité énergétique s'impose comme une priorité absolue permettant de maximiser l'autonomie énergétique tout en minimisant la dépendance et les risques. Thérèse Delpech, Directeur des Affaires Stratégiques au Commissariat à l'Energie Atomique, précisait : *« La dissuasion à l'égard de pays qui cherchent à se doter d'une arme nucléaire commence bien avant l'acquisition de l'arme »*[53].

Nucléaire civil et nucléaire militaire

La trans-opérabilité du nucléaire civil vers le nucléaire militaire est lourde d'enjeux aux conséquences à long terme, au point de devenir et de s'imposer comme une véritable arme diplomatique, tout comme les hydrocarbures ont pu l'être (ex. : Russie). Actuellement, la technique de base de fabrication d'une arme atomique est disponible sur Internet. La difficulté résulte d'une barrière technologique pour les pays qui ne possèdent pas de réacteur nucléaire car ils

---

[53] Commentaires, octobre 2009.

doivent alors enrichir l'uranium[54]. De plus, la maîtrise de la technologie nucléaire est détenue par des Etats qui agissent comme des opérateurs en situation de monopole.

La prolifération nucléaire[55] s'est développée à travers des filières et des réseaux secrets. L'exemple le plus probant en ce domaine est le réseau établi par Abdul Qadeer Khan[56] qui a, d'une part mis sur le marché international la technologie de l'enrichissement de l'uranium et la conception des arsenaux nucléaires ; et d'autre part, a créé un véritable marché noir de la prolifération nucléaire, tant au Pakistan qu'en Iran, en Corée du Nord, en Libye, en Syrie...[57]

Une réponse aux enjeux

Les problématiques énergétiques sont soumises à rude épreuve : chocs sur les marchés, déséquilibres climatiques et/ou environnementaux.

Dans le même temps, la population mondiale (7 milliards d'individus en 2012) atteindra 10 milliards d'individus en 2050, augmentant la demande en énergie à travers le monde. L'énergie nucléaire apparaît comme une solution afin de satisfaire les besoins énergétiques, tout en répondant aux enjeux et défis du XXIe siècle.

---

[54] Eurodif, 2010.

[55] Propagation de la possession d'armes nucléaires. Xavier de Villepin, « La prolifération nucléaire », Rapport d'information n°388, Paris, 20 juin 2004.

[56] Abdul Qadeer Khan est né le 27 avril 1936 à Bhopal. Ingénieur pakistanais, Président des laboratoires KRL (1981-2001), Conseiller du Président de la République pakistanaise et du Premier ministre (2001-2004).

[57] Bruno Tertrais, « Le marché noir de la bombe- Enquête sur la prolifération nucléaire », Buchet Chastel, Paris, 2009.

Le nucléaire représente actuellement 6% de l'énergie consommée dans le monde. Elle est l'énergie la plus compétitive permettant la stabilité des prix et la réduction des gaz à effet de serre[58]. A l'image du voyage du Premier Ministre Français, François Fillon, au Kazakhstan[59], le 8 février 2008, l'Asie centrale semble avoir trouvé, avec le nucléaire, une alternative aux hydrocarbures[60].

Le déploiement industriel de réacteurs, sans doute à neutrons rapides, sera l'une des réponses à l'approvisionnement des réacteurs en combustible ainsi qu'à la préservation de l'uranium[61].

Treize pays détiennent 93% des réserves d'uranium, celles-ci sont différemment équilibrées à travers le monde[62]. L'uranium connaît une répartition géographique intéressante[63] :

---

[58] Charles Beigbeder, « La crise de l'énergie est-elle une chance pour l'avenir ? », JC Lattès, Paris, 2008.

[59] Le Kazakhstan et la Russie ont signé, en mai 2007, un accord portant sur la création conjointe, en Russie, d'un centre international d'enrichissement d'uranium pour approvisionner les pays tiers. Marc Deger, « Paris compte sur le Kazakhstan pour sécuriser sa filière uranium », La Tribune, 8 février 2008.

[60] La demande de nucléaire provient actuellement essentiellement de la Chine, de l'Inde, des Etats-Unis, du Japon, de Russie, de France, de Finlande, des Etats baltes (Estonie, Lituanie et Lettonie) et de Pologne. www.aiea.int

[61] AEN, 2009.

[62] J. P. Favennec, « Géopolitique de l'énergie- Besoins, ressources, échanges mondiaux », Technip, Paris, 2007 et Jean-Michel Bezat, « La course à l'uranium reprend dans le monde », Le Monde, 11-12 janvier 2009.

[63] Areva, 2009 et J. P. Favennec, « Géopolitique de l'énergie- Besoins, ressources, échanges mondiaux », Technip, Paris, 2007.

Pays (dont entreprises)	Total production d'uranium (%)	Réserves totales d'uranium (%)
Etats-Unis	4	4
Canada dont Caneco	25 20	13
Australie dont Rio Tinto dont BHP Billiton	19 12 7	24
Russie dont Tvel	9	6
Ouzbékistan dont Navoi	6	3
Kazakhstan dont Kazatomprom	13 12	17
Niger	9	3
Namibie	8	5
Afrique du Sud	n.c.	9
Brésil	n.c.	5
Inde	n.c.	1,3
Chine	n.c.	1,3
France dont Areva	 11	n.c.

Dès lors, il parait nécessaire d'envisager le nucléaire au regard de la sécurité énergétique voire comme une arme énergétique tant il est porteur d'enjeux et d'interdépendances diplomatiques.

A- L'énergie et la sécurité énergétique, prétexte aux ambitions géostratégiques

Le nucléaire représente pour l'Iran un vecteur essentiel pour ses ambitions géopolitiques et pour son équilibre géostratégique, notamment face au Pakistan et à Israël. Il vise aussi à renforcer la légitimité interne du régime.

Si la France a participé au projet de programme nucléaire iranien dans les années 1960, c'est en 1984 que Téhéran va être aidé par le Pakistan et plus précisément par Abdul Qadeer Khan et ses réseaux. C'est ainsi qu'un complexe nucléaire va voir le jour, à Natanz[64]. Celui-ci comprend à la fois une usine pilote pouvant recevoir 984 centrifugeuses et d'autre part, une unité principale pouvant accueillir 54.000 machines. Ce n'est seulement qu'en 2003 que l'Agence Internationale de l'Energie Atomique (AIEA) a pu l'inspecter.

Téhéran s'intéresse à l'uranium U-235 et U-238 tout autant qu'au plutonium. En effet, à Arak, l'Iran a construit un réacteur à eau lourde, capable de produire du combustible de qualité militaire ; ce réacteur devait entrer en service fin 2010 et permettre l'accès à la bombe nucléaire au plutonium en 2013. Les alliés de l'Iran dans ce dossier sont dans un premier temps, le Pakistan, la Syrie, la Corée du Nord et le Venezuela mais aussi dans un deuxième temps la Russie et la Chine[65].

---

[64] A Natanz, il y aurait 8.160 centrifugeuses dont 3.772 en activité. La production s'élèverait à + 2.000kg d'uranium enrichi. Celui-ci est, depuis le 9 février 2010, enrichi à 20%. L'Iran a dévoilé, le 9 avril 2010, la maquette d'une centrifugeuse de 3e génération, d'une capacité d'enrichissement d'uranium six fois supérieure à celle de Natanz. www.aiea.int

[65] www.aiea.int

Même si l'échec de la guerre en Irak et en Afghanistan va à l'encontre de l'hypothèse d'une attaque des Etats-Unis - ou d'Israël[66]- en Iran, il apparaît opportun d'établir des scénarios d'occurrence à la suite de l'acquisition de l'arme atomique par des pays « politiquement incorrects »[67] :

- *« évolution du système actuel avec une hyper-puissance américaine éprouvée mais toujours « gendarme du monde ». Actuellement, le seul acteur qui pourrait se substituer aux Etats-Unis serait l'Union européenne, qui ne semble pas prête à assumer un tel rôle ;*
- *supervision des relations internationales, soit par une ONU revisitée, soit par une Union européenne qui aura su imposer une Politique Etrangère et de Sécurité Commune (PESC) et une Politique Européenne de Sécurité et de Défense (PESD) rationnelles et pragmatiques ;*
- *« guerre froide - nouvelle version » qui pourrait s'instaurer entre les détenteurs officiels de l'arme atomique et les détenteurs « de facto ». »*

---

[66] Israël a maintes fois précisé qu'il n'excluait pas le recours à des frappes militaires, mais l'opération sera alors complexe car d'une part, il est nécessaire de disposer de bombes américaines anti-bunker et d'autre part, il faut utiliser 100 bombardiers et des avions ravitailleurs. La réponse de l'Iran serait alors de faire envoyer des missiles à longue portée par des alliés régionaux (Hezbollah, Hamas) et des missiles à courte portée ; dans le même temps, Téhéran pourrait poser des mines dans le détroit d'Ormuz et utiliser son influence en Irak et en Afghanistan pour mobiliser des groupes politiques contre des cibles américaines. En réaction, Israël pourrait frapper le Liban et à nouveau l'Iran. « L'Iran », Assemblée européenne de sécurité et de défense, Assemblée de l'Union de l'Europe Occidentale, Doc A/2078, 1er juin 2010.

[67] Xavier Manière, « Les conséquences géopolitiques de l'émergence de puissances nucléaires militaires en marge de la communauté internationale », 22 novembre 2006.

Si l'Iran a débuté son programme nucléaire sous le régime du Chah, en 1930[68], Téhéran s'est lancé dans un programme nucléaire à grande échelle, dès 1974[69] en prévoyant d'une part un équilibre énergétique optimal et d'autre part, la diminution de l'utilisation du pétrole, favorisant ainsi la diversification énergétique. A cette époque, les prix du pétrole ne cessaient d'augmenter.

Pour devenir une puissance régionale face à des pays voisins ayant le statut d'Etat nucléaire, tels que Israël et l'Inde, l'Iran s'est lancé, officiellement dans un programme de nucléaire civil. Très rapidement, la Communauté internationale et les Etats-Unis ont imposé un contrôle des fournisseurs nucléaires de l'Iran sur le cycle de combustion. Les Etats-Unis n'auraient eu connaissance, qu'en 2000, du programme nucléaire iranien grâce à un groupe d'opposants iraniens qui a présenté des photos satellites des installations nucléaires secrètes de Natanz et d'Arak.

Ces informations ont été corroborées par les services de renseignement américains et allemands[70].

Dans ce contexte, en 2002, l'Iran a divulgué l'état de sa capacité d'enrichissement, afin d'installer une « dissuasion

---

[68] A cette époque, les contrats étaient négociés surtout avec la France et la République Fédérale d'Allemagne (RFA). Puis ces pays ont été remplacés, sous la République islamique d'Iran par la Russie.

[69] 1974 est une date clef dans la mesure où elle correspond au premier choc pétrolier qui marqua fortement les esprits de la Communauté internationale et dont les conséquences se font sentir encore jusqu'à aujourd'hui. Voir Viviane du Castel, « Perspectives énergétiques en Europe et les nouvelles stratégies d'influence et de coopération », Colloque ESCE « Intelligence économique et compétitivité internationale », Paris, novembre 2006.

[70] Bruno Tertrais, « Le marché noir de la bombe- Enquête sur la prolifération nucléaire », Buchet Chastel, Paris, 2009.

virtuelle » contre une éventuelle invasion par les Etats-Unis[71] et rendre ainsi obsolète les accusations de Washington sur l'utilité militaire des réacteurs civils en Iran. Ainsi, Téhéran possède-t-il aujourd'hui une double force de dissuasion[72] : sa capacité d'enrichissement d'uranium pour faire face à une éventuelle invasion des Etats-Unis ; et des missiles capables d'atteindre Tel-Aviv en cas d'attaque nucléaire d'Israël ou des bases américaines au Moyen-Orient[73]. En revanche, l'Iran n'a actuellement pas de force de frappe en second.

Fondamentalement, la Communauté internationale reproche à l'Iran d'avoir interprété le droit d'accéder à l'énergie nucléaire civile comme incluant la maîtrise de l'intégralité du cycle du combustible, y compris la technologie de l'enrichissement de l'uranium ou de la séparation du plutonium et considère que ce programme civil est la « couverture » d'un programme nucléaire militaire clandestin (le réseau iranien d'acquisition du nucléaire s'est développé en s'orientant aussi bien sur la filière « uranium enrichi » que sur celle du plutonium)[74]. Ainsi, l'Iran a acquis clandestinement, grâce au Pakistan, des centrifugeuses destinées à l'enrichissement de l'uranium. Or, il n'existe pas

---

[71] L'invasion de l'Irak et ses conséquences, les désaccords des membres du Conseil de sécurité et l'impopularité des Etats-Unis dans les Etats du Golfe, sont autant de facteurs qui ont influés sur la décision iranienne.

[72] Nader Barzin, « L'économie politique de développement de l'énergie nucléaire en Iran (1957-2004) », Paris, 2005.

[73] L'Iran a modifié la capacité des missiles Chahab-3 qui ont une portée de 2.000 km. De plus, le missile Zelgal-3 à propulsion solide est d'une portée d'environ 150 à 400 km. Voir Laurent Zecchini, « Téhéran renforce son arsenal de défense », Le Monde.fr, 29 novembre 2007 et Georges Malbrunot, « L'Europe a portée du nouveau missile iranien », Le Figaro, 28.11.2007.

[74] A titre d'exemple, il convient de citer le site de Natanz sur lequel l'Iran, entre 2001 et 2003, a installé plus de 200 centrifugeuses destinées à l'enrichissement de l'uranium. Actuellement, il y en aurait 3.000. www.aiea.int

de réelle différence entre enrichir de l'uranium à 5% pour du combustible et enrichir de l'uranium à 90% pour l'uranium de qualité militaire. De plus, l'Iran a mené des recherches nucléaires dans des domaines d'application militaire (uranium métal, plan d'une sphère d'uranium). Enfin, Téhéran mène ouvertement un programme balistique dans lequel l'Iran déploie et teste une grande variété de missiles (le cas échéant, capables d'emporter une charge nucléaire entre 2.000 et 5.000 km)[75].

Il convient ici de revenir sur les principales étapes de cette crise nucléaire[76] :

- *« en août 2002, un groupe d'opposants iraniens en exil dénonce l'existence d'une installation d'enrichissement de l'uranium à Natanz ;*
- *en janvier 2003, Mark Hibbs révèle dans « Nuclearnics Week » l'existence d'une centrale nucléaire à eau lourde à Arak : « le Pakistan est la source principale du programme d'enrichissement iranien » ;*
- *les visites de l'Agence Internationale de l'Energie Atomique (AIEA) n'ont débuté qu'en février 2003. L'Iran annonça officiellement, dès les années 1970-1975, que la « maîtrise de la technique de l'enrichissement de l'uranium a une vocation strictement civile » et que c'est pour « l'Iran un motif de réussite technologique et de prestige national ». En février 2003, l'AIEA découvre que les centrifugeuses iraniennes sont des copies de celles du Pakistan. Or, Islamabad est un allié privilégié de Washington dans*

---

[75] Bruno Tertrais, « Le marché noir de la bombe- Enquête sur la prolifération nucléaire », Buchet Chastel, Paris, 2009.

[76] Bruno Tertrais, « Le marché noir de la bombe- Enquête sur la prolifération nucléaire », Buchet Chastel, Paris, 2009.

la guerre contre le terrorisme, à la suite des attentats du 11 septembre 2001. Ainsi, sur pression des Etats-Unis, le 31 janvier 2004, officiellement, le gouvernement pakistanais destitue A. Q. Khan[77] *;*

- *en août 2003, l'Allemagne, la France et la Grande-Bretagne (Groupe UE 3 ou Troïka européenne) proposent des négociations à l'Iran sur le nucléaire ;*
- *en octobre 2003, l'Iran annonce au ministre des Affaires étrangères de la troïka européenne la suspension de toutes ses activités liées à l'enrichissement de l'uranium. Puis, Téhéran accepte d'appliquer le Traité de non-prolifération (TNP) qui autorise des inspections inopinées de l'AIEA ;*
- *entre février et mai 2004, les conservateurs remportent les élections législatives en Iran, ce qui amène une radicalisation du pays sur ce dossier ;*
- *en juin 2004, l'AIEA affirme que la coopération iranienne est incomplète et épisodique. L'Iran annonce cependant la reprise de sa production et les essais de ses centrifugeuses ;*
- *dès novembre 2004, l'UE 3 et l'Iran signent un accord suspendant l'enrichissement d'uranium*[78] *;*
- *en juin 2005, Mahmoud Ahmadinejad devient Président de la République islamique d'Iran et, dès août 2005, annonce la reprise de la conversion d'uranium dans l'usine d'Ispahan ;*
- *une résolution de l'AIEA est prise, en septembre 2005, prévoyant un recours implicite au Conseil de sécurité des Nations Unies. La Russie et la Chine s'abstiennent. La réaction du Président Mahmoud Ahmadinejad se fait sentir : il affirme le « droit de l'Iran à maîtriser le cycle nucléaire » ;*

[77] Bruno Tertrais, « Le marché noir de la bombe- Enquête sur la prolifération nucléaire », Buchet Chastel, Paris, 2009.
[78] www.aiea.int

- *le 10 janvier 2006, l'Iran lève des scellés placés par l'AIEA sur plusieurs centres de recherche nucléaire.*
- *Le 5 février 2006, l'AIEA décide de transmettre le dossier au Conseil de sécurité de l'ONU, seul organe habilité à prendre des sanctions. L'Iran renonce alors à appliquer le protocole additionnel du TNP, de décembre 2003*[79] *;*
- *le 26 février 2006, les négociations entre la Russie et l'Iran échouent, sur la question de la création d'une société d'enrichissement de l'uranium iranien en Russie ;*
- *le 8 mars 2006, l'AIEA transmet le dossier nucléaire iranien au Conseil de sécurité ;*
- *le 29 mars 2006, l'ONU exige que l'Iran cesse ses activités d'enrichissement d'uranium et lui impose une date limite fixée au 28 avril 2006 ;*
- *entre temps, le 11 avril 2006, le Président M. Ahmadinejad annonce que « l'Iran rejoint les pays nucléaires » avec l'enrichissement d'uranium à 3,5% qui permet de produire du combustible nucléaire grâce à une cascade de 164 centrifugeuses*[80] *;*
- *le 3 mai 2006, la Grande-Bretagne et la France déposent un projet de résolution au Conseil de sécurité, demandant formellement à l'Iran de suspendre son programme d'enrichissement*[81]*. »*

Un changement radical s'opère alors dans le cadre de la diplomatie internationale et notamment dans les relations entre les Etats-Unis et l'Iran[82] :

---

[79] www.aiea.int et www.un.org

[80] Puis, le 2 mai 2006, Téhéran annonce que l'uranium est enrichi à 4,8%.

[81] www.aiea.int et www.un.org

[82] Bruno Tertrais, « Le marché noir de la bombe- Enquête sur la prolifération nucléaire », Buchet Chastel, Paris, 2009.

- *« le 8 mai 2006, le Président iranien écrit au Président américain G. W. Bush pour proposer de nouveaux moyens de régler les tensions dans le monde. Cette stratégie est originale dans la mesure où les relations diplomatiques entre les deux pays sont suspendues depuis 1979 ;*
- *le 12 mai 2006, le secrétaire général de l'ONU, Kofi Annan appelle les Etats-Unis à dialoguer directement avec l'Iran pour résoudre la crise ;*
- *dés le 31 mai 2006, les Etats-Unis acceptent et proposent de participer directement aux négociations sur le programme nucléaire iranien aux côtés des Européens, sous la condition expresse que l'Iran suspende son enrichissement de l'uranium.*
- *le 1er juin 2006, l'Iran se prête au dialogue avec les Etats-Unis mais refuse de suspendre l'enrichissement d'uranium[83]. »*

Un nouveau revirement international s'opère ensuite :

- *« le chef de la diplomatie de l'Union européenne, Javier Solana, remet à l'Iran une offre dont les détails sont gardés secrets ;*
- *les grandes puissances proposent d'aider l'Iran à construire des réacteurs à eau légère et de lui accorder des avantages commerciaux, si Téhéran suspend l'enrichissement de l'uranium mais elles n'évoquent pas de sanctions ;*
- *le 16 juin 2006, l'Iran se déclare « prêt à commencer à négocier » mais « sans conditions préalables ».*

[83] L'Iran possède 3.000 centrifugeuses, ce qui lui permettrait de produire une bombe atomique par an. A terme, Téhéran en vise 54.000. AFP, 7 novembre 2007.

- *le 31 juillet 2006, le Conseil de sécurité de l'ONU adopte une résolution exigeant que l'Iran « suspende toutes les négociations liées à l'enrichissement d'uranium avant le 31 août, menaçant l'Iran de sanctions économiques et diplomatiques »*[84] *;*
- *le 31 août 2006, l'AIEA affirme que l'Iran n'a pas respecté l'ultimatum de l'ONU sur un arrêt de son programme nucléaire, comme l'exige la résolution 1696 adoptée, en juillet 2006, par le Conseil de sécurité*[85] *;*
- *le 25 octobre 2006, l'Iran commence à alimenter en gaz une deuxième installation d'enrichissement d'uranium*[86] *dans son usine de Natanz avec une deuxième cascade de centrifugeuses et, confirme ainsi l'accélération de son programme nucléaire alors que les grandes puissances mettent au point une résolution à l'ONU, imposant des sanctions ciblant les programmes nucléaire et balistique iraniens, mais excluant spécifiquement la construction par la Russie de la première centrale nucléaire iranienne à Bouchehr*[87]*. Dans ce bras de fer, la Russie et la Chine s'imposent comme des alliés de l'Iran et sont donc très réticentes aux sanctions. Le Pakistan soutien lui aussi l'Iran car il favorise la solution diplomatique, tout en précisant qu'il se plierait à la résolution de l'ONU*[88]*.*

---

[84] L'Iran annonce avoir mis en service, le 21 août 2006, une usine d'eau lourde à Arak. www.un.org

[85] www.aiea.int

[86] La première a été lancée au printemps 2006.

[87] La construction de la centrale nucléaire a débuté avec Siemens (Allemagne) puis fut bombardée pendant la guerre Iran-Irak (septembre 1980-août 1988). Le Figaro, 28 décembre 2006.

[88] ONU, décembre 2006.

De son côté, l'Iran adopte une loi obligeant le gouvernement à *« réviser sa coopération avec l'AIEA »,* après le vote du Conseil de sécurité[89] : « *le gouvernement à le devoir, après le vote de la résolution 1737 (du Conseil de sécurité des Nations Unies), d'accélérer le programme nucléaire et de réviser sa coopération avec l'AIEA (...)* ». En effet, le Président iranien n'a de cesse de préciser que « *l'Occident doit accepter de vivre avec un Iran nucléaire* » et qualifie la résolution de l'ONU de *« morceau de papier déchiré »*, tout en spécifiant que *« c'est dans le cadre du TNP que l'Iran veut exercer ses droits nucléaires. »*[90]

Le Président M. Ahmadinejad adresse, le 27 décembre 2006, une lettre politique adressée au Pape Benoît XVI, dans laquelle il insiste sur *« les engagements communs des prophètes et l'importance d'établir de nouvelles relations politiques et humaines sur la base de ces enseignements (...). Les relations injustes dans le monde, nécessitent la coopération de différentes religions pour y remédier (...). Le retour à la justice est le seul moyen de régler les problèmes actuels de l'humanité (...)* »[91].

L'Iran se positionne de plus en plus comme le porte-parole de toutes les populations ou pays se sentant agressés par la politique américaine de G. W. Bush.

---

[89] La loi a été votée avec 160 voix sur 203.
[90] Le Figaro, 25 décembre 2006.
[91] Le Figaro, 28 décembre 2006.

Il ne faut pas oublier que la Chine[92] et la Russie[93], deux puissances nucléaires, participent au développement du programme nucléaire iranien, alors même que l'article 1 du TNP leur « impose de n'aider d'aucune façon, ni directement ni indirectement, les pays non dotés d'armes, à les acquérir ».

L'Iran considère que dans l'environnement actuel dans lequel évolue son pays, l'acquisition de l'arme nucléaire apparaît comme une nécessité pour sa défense et comme un attribut de sa puissance[94] :

- *« le 9 avril 2007, Téhéran annonce être passé à la phase de l'enrichissement industriel ;*
- *en juillet 2007, l'Iran refuse toujours de se plier aux injonctions des résolutions du Conseil de sécurité des Nations Unies visant à suspendre ses activités d'enrichissement d'uranium et de coopération avec les instances internationales. Ainsi, l'Union européenne considère-t-elle que seules deux options sont possibles, soit l'Iran abandonne ses activités nucléaires suspectes et l'UE s'engagera avec Téhéran dans un nouveau partenariat économique et*

---

[92] La coopération entre la Chine et l'Iran comprend aussi un volet gazier. La Chine, en septembre 2007, s'est à nouveau prononcée en faveur d'un soutien à l'utilisation pacifique de l'énergie nucléaire par l'Iran, tout en rappelant son attachement à la non-prolifération. Voir Thierry Kellner et Clément Therme, « Les ententes multipolaires de l'Iran- Aspects russe et asiatique de la politique étrangère de Téhéran », Politique étrangère, 4 : 2007.

[93] L'Iran peut payer la centrale de Bouchehr grâce aux revenus pétroliers. De son côté, la Russie a proposé aux Etats-Unis, qui ont refusés, d'utiliser la base de Gabala en Azerbaïdjan pour leur projet de bouclier antimissile visant à contrer la « menace balistique iranienne ». Voir Thierry Kellner et Clément Therme, « Les ententes multipolaires de l'Iran- Aspects russe et asiatiques de la politique étrangère de Téhéran », Politique étrangère, n°4, 2007.

[94] Thérèse Delpech, « 1995 : Le programme nucléaire miliaire iranien, mythe ou réalité ? », Cahiers du CAP n°3, Paris, automne, 2006.

politique ; soit l'Iran continue son programme nucléaire militaire et subira l'isolement international et les sanctions occidentales. Or, actuellement, l'Iran considère être en position de force face aux Etats-Unis et à l'UE en raison de son poids sur le marché pétrolier et en Irak, ce qui amène les Etats-Unis et l'Europe à envisager de proposer une troisième série de sanctions, tout en laissant la porte ouverte à d'éventuelles négociations, même si l'Iran, par sa logique de guerre, amène à réactualiser l'option d'une action militaire, celle-ci restant une option de dernier recours[95]*. »*

Le nucléaire iranien, outre sa dangerosité quant à l'équilibre et la stabilité géopolitique régionale, apparaît comme un abcès de fixation de nombreuses questions géopolitiques actuels. Elle poursuit un triple objectif, essentiellement politique[96] :

- *« outil d'influence et de prestige : l'Iran se place, de ce fait, en position de pouvoir accéder rapidement à la fabrication et à la mise en œuvre opérationnelle d'un nombre limité d'armes nucléaires, ce qui lui permet de se positionner comme leader régional sur la guerre en Irak et en Afghanistan, le conflit israélo-palestinien, le Liban et la Syrie, l'islamisme radical, le chiisme... ;*
- *outil de popularisation et de rayonnement : l'Iran se positionne dans une sorte d'attente stratégique et d'ambiguïté délibérée proche de la « posture stratégique israélienne » ; ce phénomène est renforcé*

---

[95] Bruno Tertrais, « Iran, la prochaine guerre », Le cherche midi, Paris, 2007.

[96] François Géré, « L'Iran et le nucléaire- Les tourments perses », éd. Lignes de repères, Paris, 2006 et Bruno Tertrais, « Iran, la prochaine guerre », Le cherche midi, Paris, 2007.

par la dépendance des pays occidentaux en hydrocarbures et le développement du nucléaire à travers le monde ;

- *outil de légitimation par la maîtrise des technologies occidentales : l'Iran développe une industrie électronucléaire civile, comportant l'ensemble des filières jugées utiles, afin d'accéder au rang de puissance nucléaire. L'enjeu est de pouvoir maîtriser les cycles de production dans leur ensemble, la prolifération nucléaire, la dissuasion et la défense antimissile*[97]*. »*

La possession d'une capacité nucléaire est indissociable de la problématique de l'indépendance d'une part mais aussi du fait que Israël détient des armes nucléaires qui renforce un sentiment d'insécurité. Dès lors, le nucléaire apparaît comme le meilleur moyen de pérenniser le régime iranien.

L'Iran ne cesse d'être contradictoire : d'un côté, Téhéran déclare être prêt à coopérer avec l'AIEA à condition que le dossier nucléaire soit retiré au Conseil de sécurité de l'ONU et restitué à l'agence et de l'autre, l'Iran a précisé qu'il ne renoncerait jamais à l'enrichissement d'uranium. Dès lors, les Occidentaux s'orientent vers de nouvelles sanctions[98].

---

[97] L'Iran ne cesse de réaffirmer ses ambitions nucléaires : installer au moins 3.000 centrifugeuses et même davantage. L'objectif officiel étant d'assurer les besoins industriels du pays. Voir déclarations du porte-parole iranien, M. Gholamhossein, le 15 janvier 2007.

[98] Reuters, 16 novembre 2007 et Renaud Girard, « Les occidentaux continuent leur chemin vers de nouvelles sanctions », Le Figaro, 18 décembre 2007.

Tous les éléments de déséquilibres et d'incertitudes géostratégiques sont réunis en Iran[99] :

- *« régulièrement, le Président iranien, Mahmoud Ahmadinejad menace Israël d'être « rayé de la carte » ;*
- *les provocations régulières du Hezbollah[100] sous la forme d'attaques de missiles contre Israël renforcent cette situation ;*
- *le renforcement des liens avec le Hamas[101], le Djihad islamique[102] et le Hezbollah ne font qu'accentuer un peu plus encore une géostratégie en évolution. »*

Dans le même temps, l'Iran est en décalage par rapport au reste du monde musulman : il a été le premier pays à faire sa révolution islamique[103] ; le premier à dépendre de l'utopie islamique qu'il a fondé[104].

---

[99] François Géré, « L'Iran et le nucléaire- Les tourments perses », éd. Lignes de repères, Paris, 2006 et Bruno Tertrais, « Iran, la prochaine guerre », Le cherche midi, Paris, 2007.

[100] Le Hezbollah (Parti de Dieu)- 1982- est un mouvement politique chiite, financé par l'Iran et doté d'une branche armée, « la résistance islamique » (Al Muqawama Al Islamiya). L'ONU et de nombreux Etats occidentaux l'ont classé dans la liste officielle des organisations terroristes.

[101] Le Hamas (Mouvement de résistance islamique)- 1987- est un mouvement islamique de résistance. Ce mouvement vise à instauré un Etat palestinien sur l'ensemble du territoire palestinien et ne reconnait pas l'Etat d'Israël. L'ONU et de nombreux Etats occidentaux l'ont classé dans la liste officielle des organisations terroristes.

[102] Le Djihad islamique (Guerre sainte) regroupe un grand nombre de groupes islamiques. L'ONU et de nombreux Etats occidentaux l'ont classé dans la liste officielle des organisations terroristes.

[103] La révolution islamique en Iran (1979) a renversé la dynastie Pahlavi pour instaurer la république islamique d'Iran.

[104] Bernard Hourcade, « Géopolitique de l'Iran », Armand Colin, Paris, 2010.

M. Ahmadinejad s'inscrit dans une logique stratégique de montée aux extrêmes[105], par une radicalisation du pays où tout est misé sur la politique extérieure mais dont le but est aussi la politique intérieure et plus précisément la reprise en main du pays, en imposant l'Iran comme un « Etat-phare » de l'islam[106].

L'année 2008, aura été importante. Le 14 juin, le Groupe 5+1 (Etats-Unis, Russie, Chine, France, Grande-Bretagne, Allemagne) a fait une offre de coopération conditionnée à la suspension de l'enrichissement. Dès lors, Téhéran s'est lancé dans une véritable course de vitesse avec l'inauguration de la première usine de fabrication de combustible à Ispahan (9 avril 2009) et a installé plus de 8.000 centrifugeuses à Natanz. L'Iran aurait ainsi accumulé 1.339 kg d'uranium faiblement enrichi UF6[107].Toutefois et de façon totalement paradoxale, si l'Iran renonçait maintenant au nucléaire militaire, cela n'ouvrirait-il pas une brèche dans laquelle s'engouffrerait d'autres pays du Moyen-Orient, entraînant ainsi une redéfinition des équilibres et alliances actuelles dans un contexte déjà particulièrement mouvant ?

---

[105] 450 missiles de moyenne portée Chahab 1 et 2 ; 15 missiles Chahab 3 à longue portée. Dans la même logique, la provocation iranienne dans les eaux internationales, au large du Golfe persique poursuit ainsi un double but : les ultraconservateurs iraniens et partisans de M. Ahmadinejad veulent envenimer encore un peu plus leurs relations avec les Etats-Unis, alors que le rapport des renseignements américains et celui de l'AIEA (novembre et décembre 2007) avaient instauré une relative détente ; à la veille des élections législatives de mars 2008, l'Iran a voulu faire une énième démonstration de force. Delphine Minoui, « L'Iran provoque les Etats-Unis dans le Golfe », Le Figaro, 8 janvier 2008.
La menace de fermeture et/ou déblocage du détroit d'Ormuz ainsi que les gesticulations qui y sont liées s'inscrivent dans cette même stratégie.

[106] Laurent Arthur du Plessis, « L'Iran dans la 3e guerre mondiale », éd. Jean-Cyrille Godefroy, Paris, 2005.

[107] AIEA, 2009.

Pour des raisons de rivalités religieuses (sunnites) et géopolitiques (Baloutchistan), le Pakistan ne se rapprocherait-il pas de la Chine ? En raison de la question kurde, la Turquie se rallierait-elle à la Russie ?

L'Arabie saoudite, l'Egypte et les pays du Conseil de Coopération du Golfe (CCG) ne proliféreraient-ils pas grâce à leurs moyens financiers ainsi qu'aux ingénieurs pakistanais ?[108]

Le risque de prolifération en chaîne dans la région n'est pas négligeable car ces Etats peuvent se lancer à leur tour dans un programme nucléaire militaire, se doter de défense antimissile et faire appel aux alliés occidentaux…

Enfin, si l'Iran se dotait de l'arme nucléaire, elle serait alors le deuxième Etat à se retirer du Traité de Non Prolifération, - après la Corée du Nord -, et rendrait, sans doute, ce dernier caduque.

Le mécanisme retenu, à la suite des négociations sous l'égide de l'AIEA, le 21 octobre 2009, avec la France, la Russie et les Etats-Unis prévoit un transfert de l'essentiel du stock d'uranium faiblement enrichi (4,5%) détenu officiellement par l'Iran vers la Russie pour y être ré-enrichi à 19,75%. Il serait aussi transféré vers la France qui interviendrait en sous-traitance. L'uranium enrichi serait transformé en barres de combustible puis réexpédié en Iran pour le réacteur de recherche de Téhéran[109].

---

[108] Richard Prasquier, « Iran, le nucléaire proliférant », in Le Monde, 31 mai 2007 et François Heisbourg, « Bombe iranienne : attention aux réactions en chaîne », L'Expansion, décembre 2007.
[109] Le réacteur a été construit par des experts argentins, selon une technologie française. Alain Barluet, « Un compromis se dessine entre Iraniens et occidentaux », Le Figaro, 22 octobre 2009.

Le but poursuivi est d'éviter que Téhéran n'enrichisse son nucléaire à des fins militaires. Il est de permettre la sortie d'Iran de 70% de l'uranium enrichi à 3,5%. Mais l'Iran refuse d'envoyer son uranium enrichi à l'étranger (7 novembre 2009) et déclare la poursuite de son programme d'enrichissement[110]. Dans le même temps, l'AIEA exige davantage de clarification[111].

Actuellement, la politique nucléaire, menée par le Président M. Ahmadinejad, repose sur un fort consensus national qui englobe le principe même de la « *nécessité scientifique et industrielle du programme nucléaire* ». Une telle situation explique l'attitude de l'Iran face à d'éventuelles sanctions internationales (sanctions économiques, pressions politiques, bombardements militaires...). Pour Téhéran, dans ces conditions, rien ne peut ni ne doit empêcher le processus d'acquisition de la capacité nucléaire ; toute action internationale ne pourrait que le retarder. L'accord, du 21 octobre 2009, était encourageant mais il constitue une reconnaissance officielle par les Occidentaux du droit de l'Iran d'enrichir de l'uranium à des fins civiles. Les experts internationaux s'accordent à considérer que les Occidentaux doivent néanmoins continuer en développant un maximum d'inspection et de surveillance du programme iranien, tout en tentant de limiter l'acquisition par l'Iran de précurseurs d'armes nucléaires, grâce à la mise en place d'un système de première alerte[112].

---

[110] Le 20 avril 2010, la Turquie a précisé qu'elle pourrait, si les parties en étaient d'accord, servir d'intermédiaire pour les échanges d'uranium entre l'Iran et les grandes puissances.

[111] Bernard Hourcade, « Géopolitique de l'Iran », Armand Colin, Paris, 2010.

[112] www.juancole.com/2009/10/obama-pwns-bush-cheney-on-iran-first.html et wwww.huffingtonpost.com/joe-cirincione/autmaneuvering-iran_b_300255.html

Un maintien des sanctions est indispensable, même s'il paraît nécessaire d'établir également des solutions plus radicales, telles que l'interdiction d'investir dans le pétrole et le gaz naturel ou de sanctionner les banques et les compagnies d'assurance qui garantissent ce commerce[113].

Cependant, historiquement, la politique nucléaire iranienne a fait l'objet de nombreuses politiques de sanctions de la part des Occidentaux, sans que celles-ci ne soient réellement efficaces, soit directement tant à l'égard de l'arrêt du programme nucléaire iranien, soit à l'encontre de la Chine et de la Russie, pour leurs prises de position plutôt pro-iraniennes. De plus, ces sanctions vont à l'encontre de leurs propres intérêts économiques et stratégiques[114]. De nombreux experts, tel que Robert Cagan de l'Institut Canergie[115], considèrent qu'il convient d'opter pour une solution combinant à la fois des sanctions économiques mais aussi politiques, jusqu'à un renversement du régime vers un Iran démocratique et respectueux des droits de l'homme.

Parallèlement, l'Iran a développé une coopération avec le réseau d'Abdul Qadeer Khan toujours afin d'acquérir le nucléaire. L'un des éléments déclencheur est, outre la volonté de l'Iran de s'imposer comme puissance leader du monde chiite, de s'opposer aux Talibans[116].

---

[113] Rapport du Bipartisan Policy Center, www.bipartisan.org/news/press-releases/2009/09/%E2%80%9ctime-running-out%E2%80%9D-prevent-nuclear-iran

[114] www.newamerica.net/publicationd/articles/2009

[115] www.washingtonpost.com

[116] Taliban (Etudiant en religion)-1994- est un mouvement fondamentaliste musulman essentiellement basé en Afghanistan et au Pakistan. L'ONU et de nombreux Etats occidentaux l'ont classé dans la liste officielle des organisations terroristes.

L'Iran a prouvé[117] :

- *« d'une part, qu'il est possible d'ignorer une injonction du Conseil de sécurité des Nations Unies et de ce fait, elle a diminué d'autant la crédibilité de l'ONU ;*
- *d'autre part, qu'un pays même quand il se livre à des fraudes, les grandes puissances sont incapables de s'accorder pour faire respecter les règles de non-prolifération[118]. L'exemple de la découverte des installations d'enrichissement de l'uranium à Qom, en 2009 (3.000 centrifugeuses) est probant. Le 6 novembre 2009, l'AIEA a remis son rapport en considérant que « l'existence du site nucléaire iranien de Qom, appelé Fordo, dissimulé à l'AIEA par l'Iran pendant des années, laisse craindre la présence d'autres installations clandestines sur le territoire* iranien »[119].

---

[117] Service canadien du renseignement de sécurité : « L'Iran : les multiples avenirs d'une puissance régionale », Série « regards sur le monde : avis d'experts », Points saillants de la conférence, Conférence des 30-31 mars 2009, Ottawa ; et Nathalie Nougayrède et Joëlle Stolz, « L'AIEA redoute la présence d'autres sites nucléaires clandestins en Iran, à l'instar de celui de Qom », Le Monde, 18 novembre 2009.

[118] « Transcript of IAEA Director General Remarks at Joint Press Conference with Atomic Energy organisation of Iran », Téhéran, Iran, 4 octobre 2009.

[119] Service canadien du renseignement de sécurité : « L'Iran : les multiples avenirs d'une puissance régionale », Série « regards sur le monde : avis d'experts », Points saillants de la conférence, Conférence des 30-31 mars 2009, Ottawa ; et Nathalie Nougayrède et Joëlle Stolz, « L'AIEA redoute la présence d'autres sites nucléaires clandestins en Iran, à l'instar de celui de Qom », Le Monde, 18 novembre 2009.

Ainsi, la multiplication des tunnels prés des installations nucléaires est éloquente[120] :

<u>Tunnels près des principales installations nucléaires iraniennes</u>

Lieux	Nombre
Qom	2
Natanz	3
Ispahan	6

Dans le même ordre d'idées, le tableau ci-après est tout aussi clair[121].

<u>Tunnels et installations nucléaires dénoncées par l'opposition iranienne</u>

Lieux	caractéristiques
Hormuz	Tunnels accueillant des installations de recherche
Metfaz	Tunnels accueillant des installations industriels
Parchin	Tunnels accueillant des installations de recherche
Khojir	Tunnels accueillant des usines d'armement

De plus, l'Iran refuse toujours de remettre les plans complets du futur réacteur nucléaire de Darkovin, contrairement à ses obligations légales. L'Iran posséderait plus de 1300 kg d'uranium faiblement enrichi[122]. Cependant, combien de temps le régime iranien pourra-t-il encore tenir ses positions ?

---

[120] Nathalie Nougayrède et Joëlle Stolz, « L'AIEA redoute la présence d'autres sites nucléaires clandestins en Iran, à l'instar de celui de Qom », Le Monde, 18 novembre 2009.

[121] Nathalie Nougayrède et Joëlle Stolz, « L'AIEA redoute la présence d'autres sites nucléaires clandestins en Iran, à l'instar de celui de Qom », Le Monde, 18 novembre 2009.

[122] Nathalie Nougayrède et Joëlle Stolz, « L'AIEA redoute la présence d'autres sites nucléaires clandestins en Iran, à l'instar de celui de Qom », Le Monde, 18 novembre 2009.

Ainsi, les déclarations de James Miller[123] sont ici intéressantes : *« L'Iran pourrait parvenir à fabriquer un missile de longue portée capable d'atteindre les Etats-Unis en 2015. L'Iran n'a sans doute pas le savoir-faire pour mettre au point l'arme atomique avant au moins 2013* ».

Le général, Ahmad Kahidi, ministre iranien de la défense, le 21 avril 2010, a officiellement, démenti que l'Iran ait un programme de missiles balistiques intercontinentaux (ICBM), capables d'atteindre les Etats-Unis. Selon A. Kahidi, l'Iran ne pourrait fabriquer qu'un système anti-missile de moyenne portée (40 km) et pouvant atteindre une altitude de 20 km[124].

Le programme nucléaire iranien pourrait être connecté au développement de missiles balistiques[125] à destination de l'Europe occidentale, dés 2014 et vers les Etats-Unis dès 2020[126].

L'Iran s'est installé dans un climat de défiance de plus en plus exacerbé, l'amenant à se positionner comme un pays du seuil[127]. Téhéran considère que cette problématique nucléaire est un véritable levier afin de s'imposer comme leader du

---

[123] Déclaration du secrétaire adjoint américain à la Défense, James Miller, le 20 avril 2010.

[124] Vincent Hugeux, « Iran- l'état d'alerte », éditions L'Express, Paris, 2010.

[125] L'Iran a déjà procédé, avec succès, à des essais de missiles Sejil, à carburant solide et d'une portée de 2.000 km mais le Sejil 2 pouvant transporter une ogive de 3.700 km ne devrait être en fonction qu'en 2015. Les missiles à carburant liquide à destination de l'Europe occidentale ne seront prêts qu'en 2015. Rapport IISS, mai 2010.

[126] Rapport IISS, mai 2010.

[127] Pays du seuil : pays qui sont dotés de l'armement nucléaire mais qui ne sont pas pour autant reconnus comme puissance nucléaire. Ex. : Iran, Corée du Nord, Pakistan… www.bertrandbarre.com.

monde chiite, même si quelques divergences perdurent au sein même de l'exécutif iranien[128].

Les problèmes tant endogènes qu'exogènes vont sans nul doute obliger Téhéran à revoir en profondeur sa politique étrangère.

En politique intérieure, d'une part, le Président Mahmoud Ahmadinejad n'apparaît plus comme légitime depuis sa réélection contestée, en 2009 ; d'autre part, l'économie iranienne basée sur la rente pétrolière est de plus en plus sensible aux sanctions internationales.

En politique étrangère, l'Iran se trouve actuellement dans un arc de crises qui s'étend du Pakistan à l'Afghanistan en passant par l'Irak[129] et la Syrie. Dès lors, afin de se repositionner sur la scène internationale, Téhéran renforce ses liens avec la Turquie ou encore avec le Kazakhstan[130]. L'Iran dispose d'une capacité de nuisance par *« activation des leviers régionaux »*[131]. Les menaces régulières de riposte à

---

[128] D'un côté, le Président Mahmoud Ahmadinejad et une majorité des Gardiens de la Révolution et de l'autre, le Président du parlement Ali Larijami qui refusent toute négociation avec les Occidentaux.

[129] *« Si Israël devait entreprendre une attaque aérienne contre l'Iran, Téhéran mettrait tous ses efforts dans le développement d'armes nucléaires (...) »*, Mohamed El Baradei, « La menace du terrorisme nucléaire s'est aggravée », L'Express, 12 novembre 2009.

[130] L'Iran est prêt a acheter au Kazakhstan 1.350 tonnes d'uranium purifié (concentré d'uranium en poudre, appelé « Yellowcake »). Les Etats-Unis ont alors rappelé que ce transfert violait les sanctions du Conseil de sécurité des Nations Unies.

[131] L'Iran aurait reçu un container d'uranium en provenance de la faculté des sciences de La Havane, à Cuba, en échange de pétrole et ce, jusqu'en 2015 pour Cuba ; il en va de même pour les relations entre Cuba et le Venezuela où Cuba pourra disposer du parapluie des troupes et des missiles vénézuéliennes. « Iran-Cuba : liaisons dangereuses ? », TTU n°7959, 19 mai 2010.

une attaque en visant les bases militaires américaines du Golfe en sont une illustration probante. Or, une guerre au Moyen-Orient perturberait les exportations de gaz et de pétrole dont dépendent de nombreux pays, à commencer par la Chine. Toutefois, une inconnue majeure perdure : la force réelle de l'arsenal iranien. La Russie doit lui fournir des missiles S 300.

L'un des objectifs poursuivis par le Président Mahmoud Ahmadinejad est d'acquérir une nouvelle génération de centrifugeuses nucléaires[132]. Il s'agit de multiplier, par cinq, la capacité d'enrichissement de l'uranium dans un premier temps, puis à terme de décupler cette capacité.

Dès lors, deux scénarios d'occurrence peuvent se mettre en place[133] :

- *« l'Iran poursuit sa violation des sanctions internationales en continuant son enrichissement nucléaire. En effet, Téhéran considère que le fait de ne pas enrichir son uranium comme une perte de souveraineté et d'indépendance énergétique ;*
- *l'Iran achète de l'uranium enrichi sur le marché international, et ce, pas obligatoirement de façon officielle. »*

Les sanctions contre l'Iran ne sont pas une mesure anodine. En effet, le problème majeur réside dans le fait que celles-ci ne sont assorties d'aucune garantie de résultat. Dès lors, leur

---

[132] Dans un rapport confidentiel en date du 31 mai 2010, l'AIEA affirme que « lors d'une visite d'un laboratoire à Téhéran, en février 2010, par des inspecteurs de l'AIEA, il a été noté la disparition d'un équipement utilisé dans une technique spéciale permettant de séparer l'uranium ou le plutonium du combustible qui a déjà servi dans un réacteur nucléaire (…) Un tel système peut être utilisé pour la fabrication d'armes atomiques. www.aiea.int.

[133] www.stratfor.com.

efficacité requiert l'unanimité du Conseil de sécurité des Nations Unies et elles doivent cibler les secteurs les plus vulnérables[134].

Le pouvoir en Iran apparaît en déliquescence de l'intérieur, en raison notamment de l'imprévisibilité de son Président, et ce, même au sein de Gardiens de la révolution[135], seule une partie d'entre eux, étant encore fidèles au président Mahmoud Ahmadinejad (les Bassidjis[136], les services de renseignement, les membres du mouvement Ansar e-Hezbollah[137]).

Les sanctions à l'égard de l'Iran s'intègrent dans une politique à plus long terme visant à prévenir une course aux armements au Moyen-Orient ; tout en mettant en exergue le risque que comporterait, pour des pays comme l'Arabie saoudite ou l'Egypte, l'option militaire nucléaire[138].

---

[134] « Iran and the question of sanctions », 28 août 2009, www.stratfor.com.

[135] Gardiens de la Révolution (GRI- Sepah e-Pasdaran) : organisation paramilitaire (1979), relève directement de l'autorité du Guide de la Révolution, entretient des liens économiques importants au sein du pays et dispose d'un quartier général à Baalbek, au Liban. Bernard Hourcade, « Géopolitique de l'Iran », Armand Colin, Paris, 2010.

[136] Niruyeh Moghavemat Basij (Force de mobilisation de la résistance), force paramilitaire (1979), branche des Gardiens de la Révolution. Bernard Hourcade, « Géopolitique de l'Iran », Armand Colin, Paris, 2010.

[137] Ansar e-Hezbollah (Partisans du parti de Dieu : groupe militant islamique conservateur [respect des principes de la révolution et du Velayat e-faqih]-1970- Le gouvernement doit être exécuté conformément à la tradition islamique « charia », aidé par des juristes « faqih », afin de fournir un soutien politique de «tutelle» « *velayat* » sur le peuple.) Bernard Hourcade, « Géopolitique de l'Iran », Armand Colin, Paris, 2010.

[138] Nathalie Nougayrede, « Vers de nouvelles sanctions européennes contre l'Iran », Le Monde, 17 juin 2010.

Dans ce contexte :

- *« le Brésil (membre non-permanent du Conseil de sécurité des Nations Unies) s'est imposé, le 23 avril 2010, comme un défenseur du droit de l'Iran à accéder à « des activités nucléaires pacifiques mais la Communauté internationale doit avoir des garanties que l'Iran ne viole pas les règles internationales et qu'elles ne soient pas détournées à des fins militaires »[139] ;*
- *la Turquie s'inscrit totalement dans cette logique. Cette médiation s'est soldée par un accord dans lequel « l'Iran s'engage à transformer, en Turquie, 1.200 kg d'uranium[140] faiblement enrichi (à 3,5%), en échange de combustible, destiné à son réacteur médical de Téhéran, dans un délai maximal d'un an, contre 120 kg de combustible à 20% fourni par les grandes puissances, sous la supervision de l'AIEA. Cet accord intervient au moment même où les Occidentaux voulaient maintenir les pressions sur l'Iran, en les renforçant ; la Chine et la Russie y étaient fortement opposées[141]. Toutefois, le 18 mai 2010, ces deux Etats sont revenus sur leurs positions et plaident pour des « sanctions équilibrées ». La stratégie visée dans ce ralliement aux positions occidentales est pour la Russie « l'assurance d'un gel et d'une transformation complète du programme d'interception antimissiles, couplée avec une*

---

[139] Déclaration de M. Amorim, Ministre brésilien des Affaires étrangères, le 27 avril 2010, à Téhéran.

[140] Ces 1.200 kg correspondaient à 70% du stock connu, à l'époque, d'uranium enrichi, mais il doit sans nul doute être multiplié par deux, actuellement. Delphine Minoui et Maurin Picard, « Téhéran signe un accord nucléaire avec la Turquie et le Brésil », Le Figaro, 18 mai 2010.

[141] Delphine Minoui et Maurin Picard, « Téhéran signe un accord nucléaire avec la Turquie et le Brésil », Le Figaro, 18 mai 2010.

circonspection toute nouvelle face aux conflits de l'étranger proche » [142] *; pour la Chine, il correspond à la « flexibilité de la politique américaine »*[143]*. »*

Dans le même temps, l'Iran a officiellement déclaré qu'elle continuerait à enrichir de l'uranium à 20% sur son territoire[144]. La Communauté internationale reste néanmoins dubitative sur les avancées technologiques de l'Iran.

Le Conseil de sécurité des Nations Unies, le 18 mai 2010, a été saisi d'un nouveau projet de sanctions (appelé P5)[145], réaffirmant que *« l'Iran ne doit pas construire de nouvelles unités d'enrichissement d'uranium (...) ni investir à l'étranger dans des activités sensibles comme l'extraction d'uranium, l'enrichissement ou les activités liées aux missiles balistiques »*[146].

Le Conseil de sécurité fait également ressortir le *« rôle joué par des éléments du corps des Gardiens de la révolution Islamique (IRGC) dans les activités nucléaires potentiellement proliférantes de l'Iran (...) et le développement de vecteurs pouvant transporter des armes nucléaires »*[147]. Ce projet vise également les ventes d'armes, l'inspection des navires en haute mer, le gel des avoirs, la

---

[142] Alexandre Adler, « Le revers turco-brésilien en Iran », Le Figaro, 22 mai 2010.

[143] Ex. : réévaluation du Yuan, engagement par rapport à la politique pétrolière chinoise, prise en compte des problèmes énergétiques de la Chine… Alexandre Adler, « Le revers turco-brésilien en Iran », Le Figaro, 22 mai 2010.

[144] Déclarations de Ramin Mahmanparast, porte-parole du Ministère iranien des Affaires étrangères, Irna, 17 mai 2010.

[145] P5 regroupe les membres permanents du Conseil de sécurité de l'ONU : les Etats-Unis, la France, la Grande-Bretagne, la Chine et la Russie + l'Allemagne.

[146] www.un.org

[147] www.un.org

lutte contre la prolifération et le contrôle des sanctions par un groupe d'experts dédié à la surveillance de l'application de la résolution. Le projet P5 ne prend cependant pas en considération ni les cinq résolutions précédentes de l'ONU, ni des points, pourtant essentiels, tels que[148] : *« Où trouver une quantité d'uranium aussi fortement enrichi ? Qui va payer ? Que fera-t-on de l'uranium enrichi à 3,5% entreposé en Turquie ? Pourquoi l'Iran tient-il à en conserver une quantité aussi importante sur son territoire, lui permettant de fabriquer une bombe atomique ? »* D'une manière plus globale, deux grands freins aux sanctions à l'égard de l'Iran existent : les incertitudes face à l'attitude de la Turquie ; et la contrebande des pays du Golfe et ce, malgré la décision des Emirats Arabes Unis de fermer 40 entreprises iraniennes suspectées de contourner l'embargo.

Afin de reprendre le dialogue et face à l'attitude de résistance du président iranien, l'Union européenne, de son côté, le 26 juillet 2010, a transposé les sanctions découlant de la résolution du Conseil de sécurité de l'ONU (9 juin 2010)[149] :

- *« interdiction renforcée des investissements en Iran dans le secteur nucléaire ou balistique. Quarante et une personnes visées par des gels d'avoirs et interdictions de visa (sans changement par rapport au précédent train de sanctions) mais vingt-deux « entités » iraniennes (entreprises ou organismes) sont ajoutées pour les gels d'avoirs ;*
- *« Inspection des transports de fret de et vers l'Iran, y compris en haute mer et dans les ports européens. Trois sociétés iraniennes liées à la compagnie nationale Islamic Republic of Iran Shipping Line (IRISL) sont interdites d'activité en Europe.*

---

[148] www.un.org
[149] www.eu.int

L'Occident les soupçonne d'avoir jusqu'ici aidé à contourner les sanctions ;
- *« 15 « entités » liés aux Gardiens de la Révolution sont inscrites sur une liste de gels d'avoirs (...) ».*

Et, dans le même temps, l'UE a pris des sanctions supplémentaires[150] :
- *« interdiction de la fourniture d'équipements, d'investissements et de transferts de technologie dans le secteur pétrolier et gazier, y compris celui du gaz liquéfié ;*
- *interdiction faite aux aéroports européens de permettre des vols de frets iraniens. Limitations du fret maritime accrues (trois entreprises iraniennes concernées) ;*
- *restrictions financières accrues. Les transactions supérieures à 40.000 euros sont interdites sans autorisation spéciale. Huit nouvelles banques iraniennes interdites d'activité en Europe ;*
- *limitation du commerce de produits à « double usage ». Restriction plus générale sur les crédits à l'exportation ;*
- *nombre accru de personnes ou entreprises liées aux Gardiens de la Révolution faisant l'objet d'interdiction de visa ou de gels d'avoirs. Le nombre de personnes passe de vingt à une trentaine, le nombre d'entités passe de quarante à une cinquantaine ;*
- *trois filiales supplémentaires de la compagnie IRISL visées (...) ».*

Cette position de fermeté est la même pour les Etats-Unis, l'Australie et le Canada (...). La Russie, quant à elle, juge

---

[150] www.eu.int

inacceptable, tant l'attitude du président iranien que les sanctions supplémentaires de l'UE, jugeant que ces dernières pourraient concerner son industrie énergétique et en premier lieu, Rosatom.

Dans le même ordre d'idées, les Etats doivent *« interdire de tels investissements dans leurs entreprises ou sur leur territoire par l'Iran »*[151]. Les chancelleries du Brésil et de la Turquie[152], recherchent, par cette médiation, à accroître leur reconnaissance ainsi que leur rayonnement sur la scène internationale[153], augmenter les exportations, acquérir et développer la technologie nucléaire. Ainsi, le dialogue avec l'Iran est indispensable. En effet, en cas de refus, il y aurait acceptation implicite que l'Iran se dote de l'arme nucléaire ou que les Etats-Unis et/ou Israël mènent des frappes préventives contre des installations nucléaires iraniennes[154]. Les 17-18 avril 2010, le Président M. Ahmadinejad a

---

[151] www.un.org

[152] La Turquie inscrit sa politique dans le cadre de la Doctrine de Ahmet Davutoglu (avril 2010) qui préconise de *« s'investir dans un environnement naturel, arabe et islamique ; de collectionner les cartes géopolitiques ; de valoriser le rôle de la Turquie auprès de l'OTAN ; de frapper aux portes de l'Union européenne »*. Ankara favorise une nouvelle diplomatie ouverte où la Turquie pourrait s'imposer comme le leader du monde sunnite. Pour autant, se dirige-t-on vers un renversement d'alliance où Ankara remplacerait Moscou, comme axe stratégique ? Antoine Basbous, « Il faut compter avec Ankara », Le Monde, 8 juillet 2010.

[153] Le Brésil veut devenir le porte-parole des pays émergents et également devenir membre permanent du Conseil de sécurité des Nations Unies. La Turquie veut s'imposer comme un « pont entre l'occident et l'orient ». La libération de Clotilde Reiss s'inscrit sans doute dans cette stratégie, comme un moyen de « mettre en valeur l'efficacité diplomatique de certains Etats qui lui apportent leur soutien ». Philippe Bernard et Arnaud Leparmentier, « Dans quelles conditions Clothilde Reiss a-t-elle été libérée ? », Le Monde, 18 mai 2010.

[154] C.A. Kupchan, « How ennemies become friends », Princetone University Press, 2010.

convoqué une conférence internationale sur le désarmement nucléaire, à Téhéran, à laquelle n'était convié aucun pays occidental. L'Iran a alors précisé qu'elle était favorable à la création d'une *« instance internationale indépendante, chargée du contrôle du désarmement nucléaire et de la non-prolifération (...). Les Etats possédant la bombe, ceux qui ont utilisé des armes nucléaires ou ceux qui ont menacé d'en faire usage soient suspendus de l'AIEA »*. L'Iran affirme ainsi son *« droit à la dissuasion agressive »*[155]. Le détournement à des fins géostratégiques et géopolitiques du nucléaire civil par l'Iran place ce pays dans une situation paradoxale sur la scène internationale.

En effet, bien que bannie par les pays occidentaux pour sa politique d'enrichissement du nucléaire, mais aidée par des pays tels que la Chine et la Russie, l'Iran veut imposer un chantage diplomatico-énergétique dans lequel l'ensemble de la communauté internationale se trouve impliquée. Une nouvelle forme de guerre froide, instrument d'une guerre économique aux conséquences et aux ramifications politiques internationales de grande ampleur.

Se dirige-t-on pour autant vers un nouvel équilibre des rapports de force internationaux ? La Russie et la Chine poursuivront- elles cette stratégie de soutien à l'Iran s'il n'en va plus de l'intérêt de leur diplomatie énergétique telle qu'elles la conçoivent ? Les mutations et évolutions actuelles du Moyen-Orient, issues des révolutions arabes, vont-elles modifier le paysage et les alliances stratégiques ? La guerre en Syrie va-t-elle impliquer des changements ou des renversements d'alliances ? La montée en puissance et l'arrivée au pouvoir des partis islamistes (représentant entre 25 et 30% des populations) vont-elles engendrer une

---

155 « L'Iran », Assemblée européenne de sécurité et de défense, Assemblée d l'Union de l'Europe Occidentale, Doc A/2078, 1er juin 2010.

modification ou une radicalisation de la politique de Téhéran ?

La dangerosité intrinsèque du programme nucléaire iranien

Trois éléments récents démontrent la non-préparation de l'Iran à adopter un programme nucléaire, même civil[156] :

- *« Téhéran n'a aucun moyen d'empêcher une guerre électronique comme l'a prouvé le vers informatique « stuxnet » qui a contaminé 30 000 ordinateurs, modifié la vitesse de rotation des centrifugeuses, neutraliser 28 cascades et rendant toute production d'uranium enrichi temporairement impossible ;*
- *l'Iran n'est aucune obligation d'information à rendre à l'AIEA est un élément plus que préoccupant ;*
- *le 2 décembre 2010, deux physiciens nucléaires iraniens Majid Thahriari et Fereydoun Abbassi Davani travaillant sur le programme nucléaire ont été directement visés par un attentat. »*

Enfin la coopération « pacifique » entre l'Iran et la Russie ne constitue pas un élément fait pour rassurer.

---

[156] « L'Iran », Assemblée européenne de sécurité et de défense, Assemblée d l'Union de l'Europe Occidentale, Doc A/2078, 1er juin 2010.

B- Le nucléaire : nouvel arme énergétique ?

Le nucléaire, futur domination de Gazprom ?

La stratégie de Gazprom est implacable : tant pour les sources d'énergie visées que pour les pays convoités. Gazprom ne se limite plus aux hydrocarbures mais entend devenir un acteur incontournable sur la scène internationale, également dans le domaine du nucléaire. A l'image de ce qui s'est passé dans le secteur stratégique des hydrocarbures, avec Gazprom, le nucléaire pourrait connaître les mêmes mouvements de regroupement en une seule grande société nucléaire qui gérerait l'ensemble du secteur.

En effet, l'entreprise Atomstroïexpert, l'opérateur russe de construction des centrales nucléaires à l'étranger, et l'Institut d'Ingénierie sur les centrales, Atomenergoproekt Saint-Pétersbourg, sont en voie de fusion, afin d'obtenir et d'élargir les activités de construction de centrales nucléaires[157].

Contrairement au secteur des hydrocarbures, le nucléaire a recours actuellement à des coopérations. Depuis le 5 février 2007, à la suite du décret sur « la restructuration de l'énergie et du complexe industriel en Russie » mais aussi en se basant sur la loi « sur les particularités de gestion et de l'emploi des biens immobiliers et des actions appartenant aux entreprises dans le domaine de l'utilisation de l'énergie atomique », l'industrie nucléaire est regroupée au sein de la holding publique Atomenergoprom (AEP)[158] sous la direction de Sergei Kirienko[159] (www.atomenergoprom.ru).

---

[157] RBK Daily, juillet 2008.

[158] Atomenergoprom regroupe dans une holding verticalement intégrée appartenant à 100% à l'Etat, l'ensemble des actifs des entreprises du secteur nucléaire civil : Rosenergoatom (exploitant des centrales

D'une part, toutes les restructurations en cours ont pour but d'accroître la production d'uranium afin que la Russie puisse se positionner au 3e rang des réserves prouvées. D'autre part, les accords conclus avec les pays producteurs en particulier en Afrique ont pour but de mettre l'uranium sous contrôle. Il s'agit bien pour la Russie de s'imposer comme un interlocuteur incontournable face aux sociétés internationales, telles que Areva (France), Westinghouse (Etats-Unis-Japon), Toshiba (Japon)... et là encore de menacer leur indépendance énergétique.

---

nucléaires), Tvel (production et vente d'uranium), Tenex-Technsnabexport (enrichissement d'uranium), Atomenergomash (constructeur de centrales nucléaires) et Atomstroyexport (activités à l'export). www.atomenergoprom.ru

[159] Sergei Kirienko (1962) est diplômé de l'Institut des ingénieurs de marine (Moscou). Après une carrière comme technicien au chantier naval de « Krasnoe Sormovo », il s'engage dans les mouvements de jeunesse politique. En 1993, il est diplômé de l'Académie de l'économie nationale du gouvernement de la Fédération de Russie, spécialisé en finance et banques. De 1993 à 1996, il sera Président du Conseil d'administration de la banque « Garantiya ». Depuis 1994, il a été membre puis Président du Conseil sur la politique industrielle et de l'esprit d'entreprise dans la Fédération de Russie. De 1996 à 1997, il a été Président de Norsea oil Company. En 1997, il a été nommé chef de la Commission inter-agences sur l'accès des organismes indépendants de la RAO Gazprom (transport de gaz). Depuis, il a été membre du collège des représentants de l'Etat à Transneft (transport de pétrole). En novembre 1997, il est nommé au ministère de l'industrie et est président du gouvernement de la Fédération de Russie d'avril 1998 à août 1998. En décembre 1998, il s'engage à « Novaya Sila » et sera élu, en 1999, à la Douma d'Etat. En mai 2000, il devient représentant présidentiel dans le district fédéral de Privolzhskiy. Depuis mai 2001, il préside le Comité d'Etat sur le désarmement chimique. En novembre 2005, il est nommé directeur de l'agence de l'énergie atomique Rosatom, puis en 2007, directeur de la holding Atomenergoprom. Voir World nuclear association, 2008.

Vladimir Poutine a ainsi mis tout le secteur du nucléaire civil sous le contrôle de l'Etat. Cette stratégie s'insère dans le cadre du plan « développer l'énergie nucléaire » débuté en 2006 et qui devrait permettre à la Russie d'accroître son poids sur la scène internationale. Ainsi, dès mars 2008, la Russie s'était positionnée pour la construction d'un réacteur nucléaire en Egypte... A l'inverse, il faut garantir la défense du marché intérieur à l'aide de taxes douanières sur l'importation de construction pour l'énergie lorsqu'il existe un équivalent national[160].

Gazprom mène délibérément une stratégie qui pourrait passer inaperçue mais dont les effets sont dévastateurs à long terme à commencer par la dépendance totale de l'Europe. Il est donc plus que nécessaire de rester vigilant, de développer l'intelligence économique (voire la guerre économique).

La stratégie russe se dessine de plus en plus clairement : non seulement contrôler tout le gaz du monde mais aussi *« toute l'énergie du monde »*.

D'une part, le fond souverain russe pourrait s'impliquer d'une manière directe ou indirecte dans cette nouvelle restructuration énergétique globale. Mais d'autre part, en l'absence d'investissements productifs, la Russie risque de connaître une grave crise.

La concentration de Rosatom comme élément du futur ministère russe de l'énergie se poursuit. En témoigne la « vente » de Norilsk Nickel à hauteur de 79 % de sa filière électricité à Rosatom.

---

[160] Kommersant, 29-30 juillet 2008

Toutefois, cette technique n'est absolument pas adaptée à la réalité du terrain dans la mesure où Moscou ne prend pas en compte la montée en puissance des gaz non conventionnels et notamment des récentes découvertes de gaz de schistes aux Etats-Unis et des potentiels en Europe. D'autre part, la Russie est incapable de répondre aux impératifs et technologiques et structurels imposés par le GNL (Gaz Naturel Liquéfié) comme en témoigne ces errements dans le développement du gisement de Chtokman.

L'économie russe ne comprend que peu de PME et exporte essentiellement des matières premières. Encore faut-il que le Kremlin comprenne la nécessité d'une reconversion des hydrocarbures sur une autre rente[161]. Pour Sergei Kirienko, *« les investisseurs privés pourront entrer jusqu'à 49% dans le capital des projets nucléaires civils et participer aux filiales de Rosatom : volonté d'initiative et d'engagement de la Russie »*[162].

L'un des enjeux majeurs actuellement en Russie en matière de contrôle du nucléaire réside dans la corruption des agents et des ingénieurs du contrôle car le système mis en place favorise cette situation avec des procédures longues, nombreuses et complexes, mais aussi en raison de salaires largement inférieurs à ceux des ingénieurs contrôlés[163]. Moscou, entre 1998 et 2008, a connu une forte croissance (7%-9%) mais avec la crise, la Russie connaît une période de ralentissement économique (croissance de 2,5% à 3%)[164], pondérée par la flambée des prix des hydrocarbures.

---

[161] Laure Mandeville, « La reconquête russe », Grasset, Paris, 2008.

[162] Laurent Vinatier, « La Russie et l'Europe peuvent former un couple gagnant », Le Figaro, 14 novembre 2008.

[163] www.poratom.ru.

[164] En 2010, la Russie produisait 45% de l'uranium enrichi dans le monde, alimentant 17% du marché international. Les prévisions pour 2030, seraient d'atteindre 25%. www.rosatom.ru.

En effet, la Russie dispose de ressources ainsi que d'excédents courants, mais sera amenée à mettre en place des ajustements structurels de la demande intérieure[165]. La production d'uranium en Russie couvre 20% de ses besoins mais Moscou vise l'autosuffisance pour 2015. La Russie assure 8% de la production mondiale[166]. Toutefois, les réserves en uranium sont insuffisantes par rapport aux ambitions du Kremlin en matière d'expansion de l'industrie nucléaire.

Dès lors, Moscou a établi de nouveaux partenariats pour l'extraction d'uranium avec différents pays, tels que le Canada, le Kazakhstan[167], le Kirghizstan, l'Ouzbékistan, la Mongolie ou encore la Corée du Nord ou l'Iran[168]. Les négociations sur le nucléaire sont un moyen, pour le Kremlin, d'affirmer sa volonté d'autonomie stratégique en maintenant une relation spécifique avec les Etats-Unis, tout en se démarquant des autres puissances nucléaires[169].

---

165 « Russie- Analyse macroéconomique », Mineie, Dgtpe, novembre 2008.

166 Les nouvelles productions russes couvrent les besoins de la Russie en uranium : 2015 : 10.000 tonnes ; 2025 : 25.000 t. « Russie : puissance ou interdépendance énergétique ? », Rapport d'information n°182, Sénat, 17 décembre 2010.

167 Le Kazakhstan possède 17% des réserves d'uranium dans le monde, avec 13.500 tonnes (Australie : 8.022 t ; Canada : 9.934 t) avec une production en hausse de 63%. Kazatomprom est le premier producteur international, devant Caneco et Areva. www.kazatomprom.kz.

168 Gaukhar Mukhatzhanovo, « Russian nuclear industry reforms : consolidation and expansion ». www.cns.miis.edu:stories/070522.htm,www.upi.com/energy/russia_uranium_plans_may_include_n_korea/2007-115657-237r/

169 Thomas Gomart, « L'Europe dans la politique étrangère russe : nécessaire, mais plus suffisante », Russie.Nei.Visions, n°50, IFRI, Paris, mai 2010.

Actuellement, ce sont toujours les matières premières qui tirent l'économie russe, notamment à la bourse. Ainsi, les actions Gazprom, Rosneft, Loukoil, Severstal, Evraz, Sverbank ou encore VTB ont toutes perdu entre 60% et 80% de leur valeur entre mai et décembre 2008. La cause principale réside dans le départ des grands fonds étrangers, conjugué à la chute du prix du baril de pétrole[170]. La Russie a subi la crise financière et économique actuelle, notamment en raison de la chute du prix des matières premières mais aussi à cause de l'assèchement de la liquidité qui a durablement affecté la Russie, dépendante de financements extérieurs, notamment en matière d'infrastructures[171].

Globalement, les variations des prix des matières premières influencent directement les dépenses publiques, en raison de leur caractère procyclique. Toutefois, même si la Russie s'est montrée relativement prudente, le rouble a été fortement déprécié. La corruption et le manque de transparence influent de façon importante sur ces marchés[172].

La situation actuelle laisse apparaître un véritable retournement du cycle et ce, en raison de quatre causes essentielles[173] :

- *« le fléchissement de la demande finale liée au contexte de crise dans les pays développés, conjugué à un ralentissement dans les pays émergents ;*
- *une vague de déstockage qui diminue les stocks de précaution tout en permettant aux industriels de tirer*

---

[170] Emmanuel Grynzpan, « Poutine dénonce les spéculateurs étrangers », La Tribune, 3 décembre 2008.
[171] « Crises et sorties de crises », CA Eclairages, n°127, novembre 2008.
[172] Xavier Harel, « Les pays exportateurs de matières premières rodés face à la crise », La Tribune, 10 décembre 2008.
[173] Gilles Frécaut, « Editorial », CA Eclairages, n°128, décembre 2008.

à leur profit, les avantages de la baisse tendancielle des prix ;

- *des freins induits par les politiques volontaristes d'investissement et le manque d'adaptabilité ;*
- *la conjonction d'un « effet levier inversé » et d'un désengagement des fonds d'investissement. »*

En raison de l'accentuation de la crise, officiellement, mais aussi de l'approche de l'échéance présidentielle, des distensions étaient apparues dans les relations entre le Président de la Fédération de Russie, Dmitri Medvedev et son Premier ministre, Vladimir Poutine. Ceci étant, personne n'est dupe de cette gesticulation politique. Alors que les souvenirs de la crise de 1998 sont toujours dans les esprits, le Kremlin pourra-t-il s'épargner, sur le long terme, les conséquences sociales d'une chute radicale du rouble ?[174]

L'adhésion officielle le 22 août 2012 à l'Organisation Mondiale du Commerce (OMC) après d'âpres négociations et tergiversations est elle un atout pour le secteur énergétique. Comment la Russie utilisera-t-elle ce nouvel instrument de puissance et d'influence ?

Une puissance nucléaire

Dans le même temps, la Russie est une puissance nucléaire majeure, qui se veut à parité légitime avec les Etats-Unis. L'énergie nucléaire est très forte dans le monde au niveau électrique, comme le montre le tableau ci-après[175] :

---

[174] Fabrice Nodé-Langlois, « Medvedev critique Poutine sur l'application des mesures de relance », Le Figaro, 13 janvier 2009 et Marie Jégo, « Les dévaluations à répétition placent la Russie en situation délicate », Le Monde, 13 janvier 2009.

[175] www.arxam.com

Pays	Production (TWh)[176]	Puissance (GWh)[177]	Part de l'électricité nucléaire dans la production d'électricité totale (%)
Russie	137	22	16
France	431	63	78
Etats-Unis	780	99	19
Royaume-Uni	75	12	20

Dès son accession au pouvoir, le président Vladimir Poutine, de 2000 à 2008, a cherché à établir une « économie de marché à la russe » en priorisant la restauration de l'autorité de l'Etat[178]. Dmitri Medvedev s'était inscrit dans cette même politique stratégique que Poutine reprend aujourd'hui.

Les tours de passe-passe politiques ayant permis à Vladimir Poutine d'être à nouveau Président de la Fédération de Russie avec Dimitri Medvedev comme Premier Ministre n'ont rien changé.

En Russie, vingt-six centrales nucléaires fournissent environ 16% de la production totale d'électricité et le Kremlin veut accroître de 25% le nombre de réacteurs d'ici 2020 et à 45% en 2050. A titre d'exemple, il convient de citer la construction de deux réacteurs dans l'oblast[179] de Kaliningrad.

---

[176] TWh : Terra wattheure- 1 terra wattheure = 1.000 Gwh. www.edf.com.

[177] GWh : Giga wattheure- 1 giga wattheure = 1.000 MWh (1 megawattheure-MWh = 1.000 KWh ; 1 kilowattheure-KWh = 1.000 Wh). www.edf.com .

[178] Pascal Boniface, « Comprendre le monde », Armand Colin, Paris, 2010.

[179] Région administrative.

Le but ainsi recherché par Moscou est d'augmenter au maximum la part du nucléaire dans la production globale d'électricité[180]. Jusqu'à décembre 2009, l'oblast de Kaliningrad fut approvisionné à 30% par la centrale nucléaire lituanienne d'Ignalina qui a fermé officiellement son deuxième réacteur à cette date[181].

Paradoxe de la position européenne qui, en conditionnant l'adhésion de la Lituanie à l'Union à la fermeture de la centrale d'Ignalina, voit apparaitre deux centrales pour le moins « étonnante » à Kaliningrad et en Biélorussie se substituer à une centrale lituanienne sous son contrôle en terme de technologie et de sécurité.

La Russie entend contrôler tout le cycle du nucléaire[182] :

---

180 « Un nouveau programme à long terme de développement de l'industrie nucléaire vient d'être approuvé en Russie », Voix de la Russie, 30 juillet 2007.

181 Viviane du Castel et Thomas Deconstanza, « L'Oblast' de Kaliningrad : un nouvel enjeu géopolitique », Passages n°161, décembre 2009-janvier 2010 et Viviane du Castel, « De Königsberg à Kaliningrad : l'Europe face à un nouveau « Département d'outre-terre » russe sur la Baltique », L'Harmattan, Collection Mare Balticum, Paris, 2008.

182 www.aiea.int

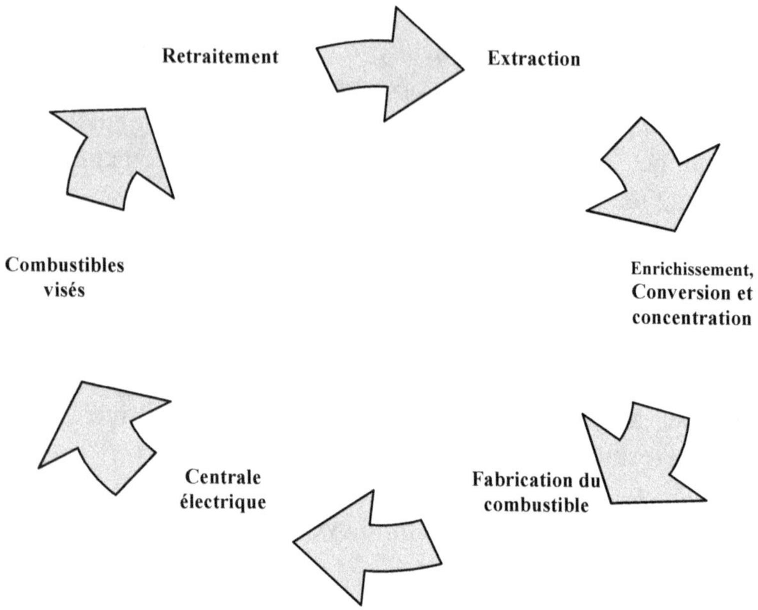

A l'international, la filiale Atomstroïexport construit et modernise des centrales à travers le monde : Bulgarie (Belenc), Hongrie, Chine-Taiwan, Iran (Bouchehr), Inde (Kudankulam). De plus, des projets sont à l'étude pour Taiwan, la Biélorussie, la Turquie, l'Arménie, l'Egypte, l'Afrique du Sud, la Namibie, le Chili, le Vietnam, l'Algérie et le Maroc, dans le but d'offrir un service complet de la filière avec un niveau de disponibilité de 80,6%[183].

Cette société s'organise comme suit[184] :

[183] « Le nucléaire », Passages n°163, 2e trimestre 2010.

[184] www.atomenergoprom.ru

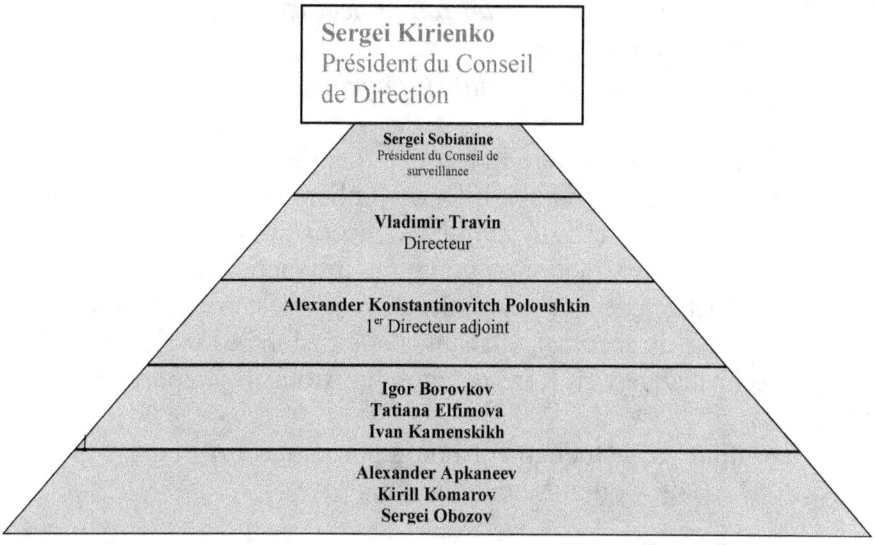

N.B. : Conseil de surveillance : A. V. Dvorkovitch, Conseiller du Président, Yu. V. Yakovlev, Directeur du département de la sécurité économique.

Les objectifs d'Atomenergoprom sont les suivants[185] :

- *« maîtriser et contrôler l'ensemble de la chaîne (conception, implantation, construction exploitation...) ;*
- *recherche et développement ;*
- *construction, exploitation, mise en service de centrales nucléaires en dehors du territoire de la Fédération de Russie ;*
- *production d'électricité et d'énergie thermique ;*
- *prospection et extraction d'uranium ;*
- *enrichissement du nucléaire ;*
- *conception, fabrication et vente de réacteurs nucléaires ;*

[185] Elizabeth Studen, « Russie : restructuration en vue de l'industrie nucléaire », Le blog finance, 27 avril 2007 et www.atomenergoprom.ru

- *exportation et importation nécessaires pour l'énergie atomique ;*
- *formation de spécialistes nucléaires.* »

De son côté, la société Rosatom[186] est l'agence fédérale russe de l'énergie atomique. Elle est entièrement dirigée par le gouvernement et son activité concerne toute la chaîne de production (extraction d'uranium, production de carburant, construction de centrales électriques nucléaires et contrôle centralisé du secteur), à la suite de la fusion des sociétés Tvel, Teschnsnabexport, Rosenergatom et Atomstroyexport[187].

Rosatom est actuellement une « corporation d'Etat » depuis 2007 et elle s'organise comme suit[188] :

[186] Rosatom utilise de nombreux leviers d'influence aux Etats-Unis comme Apco Worlwide et White & Case.

[187] En 2008, la Turquie s'est lancée dans le nucléaire, afin de réduire sa dépendance énergétique grâce à trois centrales nucléaires en 5 ans, mais a dû y renoncer (pour la cinquième fois), à la suite de la décision du Conseil d'Etat turc qui, le 10 novembre 2009, a bloqué le projet en suspendant trois articles du règlement régissant le concours d'appel d'offres publiques. Ainsi, Tetas, la compagnie publique turque de distribution d'électricité a été chargée du dossier. Un consortium (composé également par les groupes russe Inter Rao et turc Park Teknik) conduit par la société publique russe Atomstroyexport s'est imposé comme le seul candidat pour la construction d'une centrale de 4.800 mégawatts à Akkuyu. www.rosatom.com

[188] www.rosatom.com

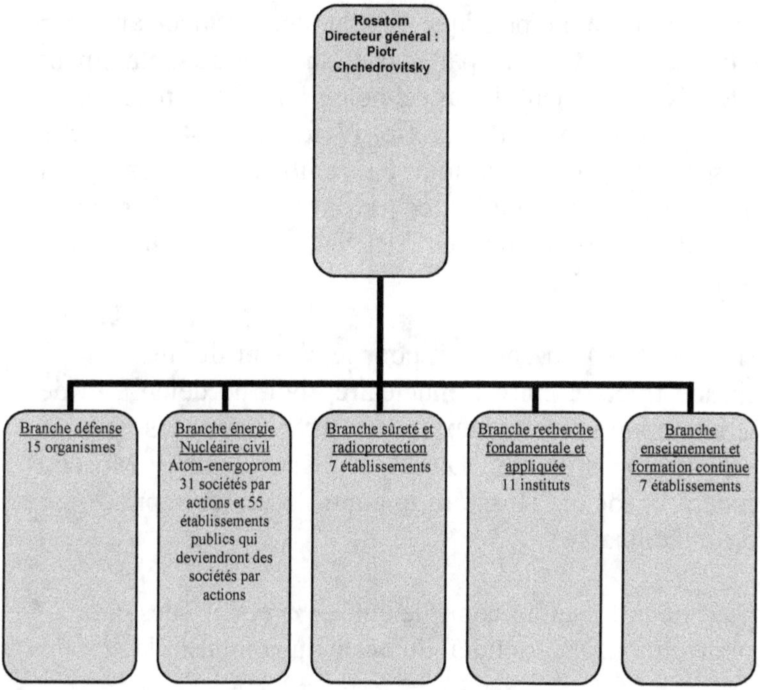

Ainsi, la Russie fournit 15% du combustible nucléaire consommé au Japon. En mai 2009, est intervenu un accord entre Toshiba et Rosatom qui est en fait un accord préparatoire à la construction d'usines d'enrichissement d'uranium au Japon et en Asie.

Globalement, la coopération entre Rosatom (Russie) et Siemens (Allemagne)[189] s'orienterait, quant à elle,- et si elle a

[189] Siemens a mis fin à sa coopération avec Areva (Areva NP, anciennement Framatome) concernant les réacteurs nucléaires puis, annonça une alliance avec Rosatom (à 50-50%), afin de construire des centrales nucléaires, en mars 2009. La chambre de commerce internationale a été saisie par Areva pour rupture unilatérale de contrat et pour contestation du prix de rachat des 35% des parts de Siemens dans Areva (Areva NP : 35% siemens, 65% Areva). La commission

lieu en dépit de la politique d'abandon du nucléaire par Angela Merkel-, vers un partenariat stratégique, notamment pour le développement de la technologie russe de réacteurs à eau sous pression, VVER. En effet, Vladimir Poutine cherche à diviser les Européens, tout en renforçant les capacités exportatrices russes. De plus, ce moyen lui permet de ravir sa position de leader au français AREVA[190] et d'améliorer son image de marque[191].

Dès lors, le Kremlin cherche, pour le secteur du nucléaire, à éviter une fracture entre le nucléaire civil, de défense et de recherche contrairement aux autres pays européens et pour des questions d'image. Dans le même temps, Moscou redonne à la société Rosatom le contrôle des entreprises par actions du domaine.

Actuellement, Rosatom contrôle entre 8% et 45% des parties-segments du marché mondial du cycle du combustible[192].

---

européenne s'est saisie du dossier au nom de la violation du droit de la concurrence (articles 101 et 102 du traité de Lisbonne). Un pacte d'actionnaire, signé entre les deux sociétés, le 30 janvier 2001, et tenu secret, précise qu'en cas de séparation, après au moins huit ans d'existence, « Siemens à l'interdiction de rivaliser avec Areva sur le marché des réacteurs nucléaires ». Dès lors, le partenariat Siemens-Rosatom n'a pas lieu d'être. www.areva.com et Jean-Jacques Mevel, « Bruxelles va enquêter sur Areva et Siemens », Le Figaro, 2 juin 2010.

[190] Areva a mis fin à son contrat (en juillet 2010) avec Tenex (filiale de Rosatom) pour l'envoi d'uranium appauvri afin d'y être enrichi. Cet uranium, résidu d'une première phase d'enrichissement, avait vocation à être rapatrié en France où il devait servir à alimenter les centrales nucléaires françaises. www.areva.com.

[191] La Russie possède 52 réacteurs de type VVER qui sont des réacteurs à eau sous pression.

[192] Supplément « Energya » de Nezavissimaya Gazeta, 12 août 2008.

Cette société remplace Minatom, l'ancien ministère russe du nucléaire. Dans ce cadre, Rosatom a mis en place trois Programmes Fédéraux Sectoriels (PFS)[193] :

- *« développement du complexe industriel énergétique nucléaire 2007-2010-2015 », afin de relancer la construction de centrales nucléaire en Russie. Ce programme vise un accroissement de 30% de la production d'électricité nucléaire en 2030 ainsi que l'autofinancement du secteur ;*
- *sûreté nucléaire et radioprotection 2008-2015 », concernant le nucléaire dans le secteur de la défense[194] ;*
- *développement de la sphère nucléaire militaire[195]. »*

Comme l'a indiqué Sergei Kirienko, le Directeur général de Rosatom, « *des amendements concernant de nouvelles installations et des changements dans les délais de mise en service des tranches nucléaires seront apportés au Programme Fédéral Sectoriel (PFS) pour le développement de l'industrie et de l'énergie nucléaire en Russie entre 2007 et 2010 et jusqu'en 2015 (...). Le schéma général de répartition des installations électriques a été adopté un an et demi après le Programme Fédéral Sectoriel. C'est pourquoi les deux documents diffèrent déjà quelque peu (...)* »[196].

---

[193] www.worldnuclear.org
[194] Classé confidentiel.
[195] Classé confidentiel.
[196] Déclarations de Sergei Kirienko, Directeur général de Rosatom, le 4 juillet 2008, à Rostov.

Ainsi, à titre d'exemple, Rosatom va mettre en service prochainement, les troisième et quatrième tranches de la centrale nucléaire de Volgodonsk (Rostov), installer une nouvelle centrale nucléaire à Baltyskaya (Kaliningrad), voir aussi en Biélorussie[197].

Le financement du Programme Fédéral Sectoriel provient pour 40% du budget fédéral et pour 60% des moyens propres du secteur nucléaire issu de l'activité principale. Dans le cas concret de la centrale nucléaire de Kaliningrad, elle appartiendra à l'Etat russe à hauteur de 51%, via Rosatom et à 49% à des investisseurs, le cas échéant étrangers[198]. Cette centrale à eau pressurisée comportera deux tranches, chacune d'une capacité de 1.250 MGW et utilisera la technologie VVER 1200. Un « protocole d'intention » entre Enel (Italie) et Inter Rao Ues (Russie) a été signé le 26 avril 2010[199].

Vladimir Poutine a donc ainsi mis tout le secteur du nucléaire civil sous le contrôle de l'Etat. Cette stratégie s'insère dans le cadre du plan « développer l'énergie nucléaire », débuté en 2006 et qui devrait permettre à la Russie d'accroître son poids sur la scène internationale[200].

---

197 Viviane du Castel, « L'expansionnisme du nucléaire russe : une menace pour l'Europe ? », Regards RIE Risque & Intelligence Economique, n°30, 1er trimestre 2010 et www.nuclear.ru.

198 www.nuclear.ru

199 www.enel.it

200 Ainsi, la Biélorussie envisage la construction, d'ici 2016, d'une centrale nucléaire, à Ostrovets, proche de la frontière avec la Lituanie. Cette centrale aurait recours à la technologie AES-2006. Viviane du Castel, « Le secteur énergétique et l'Intelligence économique : entre influence et stratégie- L'exemple de la Russie », Cahier de recherche ISEG-ISERAM, Paris, 2010.

Conscient de la nécessité de diminuer significativement la dépendance de la Russie par rapport à l'étranger, dans les secteurs stratégiques, le Premier ministre, Vladimir Poutine, le 29 juillet 2008, a rappelé que le développement des constructions nationales prévu jusqu'à 2020, était un impératif absolu.

Dans le même ordre d'idées, la Douma, le 12 mai 2008, a déclaré qu'il était nécessaire de *« diminuer les taxes et les barrières douanières à l'importation des technologies et des équipements, lorsqu'il n'est pas prévu un développement de capacités nationales (...). A l'inverse, il faut garantir la défense du marché intérieur à l'aide de taxes douanières sur l'importation de construction pour l'énergie lorsqu'il existe un équivalent national »*[201].

En novembre 2008, la Russie a lancé un nouveau « Programme Fédéral Sectoriel » visant à *« développer des technologies nucléaires de nouvelle génération »* et ce, grâce à la *« création d'un cycle fermé du combustible nucléaire, mais aussi avec la mise en service du premier réacteur à neutrons rapides refroidi au plomb-bismuth »*[202]. Le développement industriel des réacteurs à neutrons rapides devrait se poursuivre jusqu'en 2015 : avec les réacteurs BNGO (Beloyarsk) pour la production d'électricité ; les réacteurs BORGO (Dmitrovgrad) comme moyen d'irradiation ; les réacteurs BN 800 (Beloyarsk- 2014) dont un est à destination de la Chine[203].

---

[201] Kommersant, 29 et 30 juillet 2008.

[202] www.minatom.ru

[203] « Russie : puissance ou interdépendance énergétique? », Rapport d'information n°182, Sénat, 17 décembre 2009.

L'industrie du nucléaire russe, grâce à toutes ces restructurations devrait éviter une rupture entre le nucléaire civil et la défense-recherche, tout en redonnant à Rosatom le contrôle des sociétés par actions du secteur nucléaire. Dans ce cadre, Rosatom a créé et gère quatre fonds de réserve pour financer les charges destinées à couvrir la *« sûreté des industries et des installations à risques radiologiques et nucléaires élevés à toutes les étapes de leur durée de vie »*[204].

L'homme d'affaires, Alexandre Beloussiov va diriger le futur centre international d'approvisionnement[205] au sein du complexe russe d'Argorsk en Sibérie. Actuellement, ce complexe produit 10% de l'uranium russe, soit 40% de la production mondiale. Le centre international se composera d'une société commerciale et sera sous le contrôle de l'Agence Internationale de l'Energie Atomique (AIEA)[206].

De son côté, l'Union européenne cherche à obliger les Etats à appliquer les principes généraux de sûreté nucléaire définis par l'AIEA. Il existe déjà des cadres normatifs (convention sur la sûreté nucléaire, 1994- principe fondamentaux de l'AIEA, 2006…).

Par ailleurs, le Commissaire européen à l'énergie, Andris Piebalgs, aurait voulu rendre obligatoire des normes de sécurité plus contraignantes afin de les appliquer de façon harmonisée dans l'ensemble de l'Union européenne[207].

---

[204] Gaukhar Mukhatzhanova, « Russian nuclear industry reforms : consolidation and expansion », www.cns.miis.edu/stories/070522.htm

[205] Afin de créer une zone de stockage avec des réserves suffisantes, après transformation, pour alimenter deux réacteurs de 1.000 Mwh.

[206] B. Q., « Moscou rêve de bâtir un centre international d'uranium enrichi », Les Echos, 21-22 novembre 2008.

[207] Andris Piebalgs, Commissaire européen à l'énergie, Bruxelles, 26 novembre 2008.

C'est dans ce cadre que s'inscrit Sergei Kirienko, Président du directoire de Rosatom, qui précise qu'il est nécessaire pour la Russie de développer des partenariats stratégiques avec des sociétés nucléaires internationales, tout en respectant le régime de non-prolifération de l'AIEA[208].

Au regard de la doctrine militaire russe, il est clair que la Russie entend jouer un rôle déterminant dans la construction de centrales nucléaires à l'étranger. Le Kremlin est à l'origine du Forum INPRO[209], développé au sein de l'AIEA, est membre du Forum génération IV de l'AIEA et est également membre du projet ITER.

Les projets de restructuration du nucléaire, à l'horizon 2050, envisagent un transfert sur des cycles fermés du nucléaire, notamment avec des réacteurs à neutrons[210]. Même si la Russie a signé de nombreux accords intergouvernementaux[211], Vladimir Poutine étant favorable à la non-prolifération nucléaire, proposa dans ce cadre quatre initiatives originales de création de centres internationaux[212] : centre international du cycle du combustible nucléaire ; centre international d'enrichissement de l'uranium à Angaresk ; centre international de gestion du combustible nucléaire irradié ; université nucléaire internationale au sein de l'Institut de physique du génie de Moscou.

---

[208] Sergei Kirienko, « Le nucléaire russe répond aux normes internationales », Le Monde, 27 décembre 2008.
[209] Projet international de l'AIEA sur les réacteurs nucléaires et les cycles du combustible nucléaire innovant. www.aiea.int.
[210] « Nuclear power in Russia », www.world-nuclear.org/info/inf45html, novembre 2008.
[211] Avec les Etats-Unis, l'Australie et le Japon, notamment.
[212] www.world-nuclear.org.

Dans le même ordre d'idées, l'AIEA a approuvé, le 27 novembre 2009, la création en Russie, d'une banque internationale du combustible nucléaire, sous son égide. Cette banque devra fournir de l'uranium faiblement enrichi à des pays remplissant structurellement les critères de non-prolifération nucléaire. Il s'agit en fait ici d'entraver les projets nucléaires de nouveaux pays voulant devenir nucléaire. A titre d'exemple, il convient de citer l'Argentine, le Venezuela, le Pakistan, le Brésil, Cuba, la Malaisie ou encore l'Afrique du Sud[213].

La Russie avec Rosatom et la France avec AREVA ont créées une « banque de combustible nucléaire », baptisée « Centre international d'enrichissement nucléaire », situé à Angarsk et disposant d'un volume de 120 tonnes d'UF6. Le but ainsi recherché n'est pas de se substituer au marché de l'uranium mais d'y pallier en cas de défaillance. La Russie resterait propriétaire de l'uranium stocké à Angarsk et pourra le vendre au prix du marché ou le louer[214].

La France et la Russie ont tissé des liens importants, dans le domaine du nucléaire. Ainsi, il convient de citer l'accord de coopération entre le Commissariat à l'Energie Atomique (CEA) et Rosatom, le 8 juin 2010, en remplacement de tous les accords précédents (1993-2000), tout en étendant leur portée. De plus, l'accord technique (ou mémorandum) du 15 juin 2010 entre EDF et Rosatom s'inscrit dans cette logique.

---

[213] AIEA, 27 novembre 2009.

[214] Fabrice Nodé-Langlois, « Moscou créé une banque d'uranium », Le Figaro, 29 mars 2010.

Le but ici recherché aurait été qu'EDF[215] participe au capital de la centrale de Kaliningrad et vende des centrales dans les pays tiers. Les suites de cet accord ne sont pas confirmées.

Le directeur du département de sûreté nucléaire et de radioprotection au sein de Rosatom, Alexandre Mikhailevitch Agapov, avait déclaré, le 10 juillet 2008, que la *« sûreté nucléaire faisait partie intégrante des objectifs du Programme Fédéral Sectoriel (surtout si la Russie veut jouer un rôle à part entière dans le cadre du programme ITER). Cette sûreté nucléaire concernera dorénavant l'ensemble du cycle et la vie des installations nucléaires russes »*[216].

Toutefois, Alexandre Agapov subordonne la sûreté nucléaire à des impératifs économiques considérant que le *« succès réside dans la nécessité de libérer les entreprises du secteur des tâches non-rentables*[217] *et développer sa rentabilité puis utiliser ses bénéfices afin de garantir la sûreté des technologies qui assurent la production d'énergie »*[218].

Dans ce but, cinq étapes ont ainsi été prévues par le Programme Fédéral Sectoriel (PFS), dans son volet sécurité[219] :

- *« un dépôt de stockage à sec du combustible irradié issu des réacteurs RBMK-1000 et VVER-1000 ; la construction d'un dépôt de stockage humide du combustible usé issu des VVER-1000, sur le site du GKhK ;*

---

[215] Conférence d'Alexandre Orlov, Ambassadeur de la Fédération de Russie en France, « La Russie, puissance énergétique et diplomatique. Quels partenariats possibles avec l'Europe ? » Passage 15 mai 2010

[216] Environment safety, n°2/2008.

[217] Ex. : maintenance des anciennes installations du complexe militaro-industriel.

[218] Environment safety n°2/2008.

[219] www.minatom.ru

- *un centre pilote de retraitement du combustible irradié sur la base des technologies d'innovation du GKhK ;*
- *un laboratoire sous-terrain destiné à l'étude du stockage définitif des déchets radioactifs en couches géologiques, sur le site granitique de Nizhnebansk ;*
- *un système de gestion des déchets radioactifs ;*
- *la création, la reconstruction et l'augmentation des capacités de gestion des déchets radioactifs sur le site de l'Institut Radon, à Moscou. »*

Toutefois, à l'image de ce qui s'est passé dans le secteur stratégique des hydrocarbures, avec Gazprom, le nucléaire pourrait connaître les mêmes mouvements de regroupement en une seule grande société nucléaire qui gérerait l'ensemble du secteur. En effet, l'entreprise Atomstroïexpert, l'opérateur russe de construction des centrales nucléaires à l'étranger, et l'Institut d'ingénierie sur les centrales, Atomenergoproekt Saint-Pétersbourg, sont en voie de fusion, afin d'obtenir et d'élargir les activités de construction de centrales nucléaires[220].

La Russie est riche en matières premières. Celles-ci sont sous le contrôle de groupes appartenant à de nouveaux oligarques d'Etat qui ont développé ce secteur dans le cadre de la politique des « champions nationaux » opérant sur le marché international. Actuellement, le Kremlin considère qu'il est toujours nécessaire de limiter la prolifération nucléaire mais que les outils actuels doivent être modifiés, notamment le Traité de Non Prolifération (TNP) qui a été modifié en 2010, à l'occasion d'une « conférence d'examen du TNP », afin de l'adapter aux défis et menaces du XXIe siècle[221].

---

220 RBK Daily, 23 juillet 2008 et www.government.ru
221 www.government.gov.ru

Le Kremlin s'est lancé dans une politique de contrôle des entreprises stratégiques en créant des consortiums publics (énergie, nucléaire notamment) ou en prenant des participations majoritaires (uranium, titane, diamant,...) mais aussi en développant des corporations d'Etat très puissantes (Rostekhnologuii, Rosnanotech...) et enfin en créant des fonds d'investissements adossés à des projets industriels[222].

La crise financière de 2007-2009, en mettant en relief la faible diversification de l'économie russe, la fragilité du système financier ou encore le manque de concurrence, a amené le Kremlin à renforcer un peu plus encore sa politique protectionniste par des mesures limitant l'investissement étranger, telles que la protection douanière et tarifaire dans l'industrie, des préférences temporaires en matière de prix pour les producteurs nationaux dans le cadre des appels d'offres publiques et municipaux...[223]

En 2007, le secteur du nucléaire a fait appel aux banques pour assurer leur financement. Ainsi, Gazprombank est très engagé dans de nombreux projets d'expansion de l'industrie nucléaire[224].

Dès lors, il n'existe que deux stratégies face à une envolée du prix des matières premières[225] : *« soit les pays exportateurs peuvent espérer un recyclage réel du surplus de revenus dont ils disposent et l'investissent dans leur pays, soit les*

---

[222] www.economy.gov.ru

[223] François Benaroya, « L'économie de la Russie », Ed. La Découverte, Collection repères, Paris, 2006.

[224] Des accords ont notamment été signés avec Rosatom, Tenex, Atomenergomash,Atomstroyeksport... wwww.rosatom.ru/news/3791_1.02.2007

[225] Claire Montialoux, « L'envolée du prix des matières premières », Regards croisés sur l'économie, Comprendre la finance contemporaine, La Découverte, Paris, mars 2008.

exportateurs opèrent un recyclage financier en plaçant leurs surplus sur les marchés boursiers internationaux entraînant une hausse soutenue de la liquidité qui alimentent l'envolée du prix des actifs ».

La stratégie de nationalisme (ou de patriotisme) économique poursuivie par ces Etats est au cœur de leurs politiques intérieures et étrangères, tout en visant à la satisfaction d'un système souvent opaque. Dans le même temps, le retard pris dans le domaine de la modernisation des infrastructures handicape encore un peu plus l'avenir[226]. Les risques politiques augmentent d'autant plus qu'avec la mondialisation, les flux d'investissements internationaux s'envolent. Parallèlement, les fusions-acquisitions favorisent le sentiment de crainte et renforcent le protectionnisme. Plus généralement, cette montée en puissance du nationalisme économique est fondée sur la nécessité d'un meilleur partage de la rente d'une part et d'autre part sur le fait que les firmes multinationales redoutent une surenchère et des nationalisations[227] qui exacerberaient encore un peu plus les rivalités et les risques politiques[228]. C'est sans doute dans ce cadre que s'inscrit la coopération stratégique entre EDF (France) et Rosatom (Russie).

Les deux groupes sont déjà partenaires dans la fourniture d'uranium. EDF, (via l'italien Fenice) et Inter Rao, détenue à 57% par Rosatom, ont signé, le 9 mars 2010, un accord pour créer une nouvelle entreprise, détenue à 50%-50% par les deux entités[229]. Le Directeur d'Inter-Rao, Boris Kovaltchouk,

---

[226] Viviane du Castel et Faouzi Bensebaa, « Russie : l'arme énergétique », Futuribles, n°337, janvier 2008.
[227] Comme cela a déjà été le cas en Russie, au Venezuela, au Kazakhstan, en Bolivie, en Algérie…
[228] « Globalisation- 2008 », Risques internationaux n°97, 15 avril 2008 et www.protectionnisme.eu
[229] www.edf.fr

considère pour sa part, que « une part de 10% (évaluée à 400 millions de dollars, soit 299 millions d'Euros) pourrait garantir un siège au Conseil d'administration[230].

La Russie a renforcé ses liens stratégiques avec la Turquie en adoptant, le 12 mai 2010, un « mémorandum sur la construction et d'exploitation d'une centrale nucléaire de 4.800 mégawatts » en Turquie, à Akkuyu, par le consortium public russe Atomstroyexport. La Russie serait propriétaire de cette nouvelle centrale, grâce à une part de contrôle[231].

Moscou développe ce phénomène grâce à une conjonction de quatre facteurs[232] :

- *« un modèle intégré qui permet d'avoir un accès direct aux matières premières ;*
- *des coûts énergétiques nettement moins élevés en Russie qu'à l'étranger, grâce à la réglementation étatique en vigueur ;*
- *une consommation intérieure qui devrait encore augmenter ;*
- *un fort développement des infrastructures, notamment en raison du rééquipement des armées, des préparatifs des Jeux Olympiques d'hiver de 2014 ou du secteur du bâtiment qui est en plein expansion, à des implantations croissantes de constructions automobiles étrangères... »*

Dans le même temps, la Russie a arrêtée, le 15 avril 2010, son dernier réacteur nucléaire ADE-2, produisant du plutonium, basé à Jeleznogorsk.

---

230 www.inter.rao.ru

231 Viviane du Castel, « L'industrie nucléaire : nouvelle arme du Kremlin ? », Cahier de recherche, ISEG-ISERAM, Paris, 2010.

232 Angelika Millendorfer, « Les nombreux atouts de la sidérurgie russe », La Tribune, 27 mars 2008.

Le Kremlin cherche dorénavant à obtenir tous les renseignements dont il a besoin afin de s'imposer comme la première puissance nucléaire. Dans ce but, Rosatom s'apprête à devenir actionnaire de sociétés nucléaires européennes (accord suspendu avec Siemens), à l'image de la politique expansionniste que Gazprom a mené en Europe grâce à des prises de participations lui permettant d'avoir accès aux décisions stratégiques de toutes les compagnies énergétiques européennes.

Pour ce faire, la Russie pourrait utiliser son fonds souverain[233] comme un « cheval de Troie » ou pour des prises de participation dans une entreprise, une activité ou une organisation. L'Union européenne devrait donc rester vigilante et tenter de se prémunir contre toute insertion de Rosatom dans les entreprises nucléaires européennes[234].

La Russie ne semble pas prête à assumer une expansion tout azimut de son nucléaire quand on voit ses nouvelles stratégies, notamment la construction d'une nouvelle centrale nucléaire flottante sur le navire académique Lomonosov qui devrait être opérationnel en 2012 (la durée de vie du navire devrait être de 40 ans).
Cette centrale devrait faire l'objet d'une livraison sur commande à des pays tels que l'Indonésie. Ceci ouvre une porte à tous les détournements : terrorisme, piraterie, explosion, collusion…

---

[233] Viviane du Castel, « Le grand Nord- Un nouvel enjeu très courtisé », Edition Mare Balticum, L'Harmattan, Paris, 2010.

[234] Viviane du Castel, « L'expansionnisme du nucléaire russe- Une menace pour l'Europe ? », Regards RIE Risque et Intelligence Economique, n°30, 1er trimestre 2010.

Dans le même ordre d'idées, il convient de prendre en compte le fait que la Russie n'hésitera pas à basculer de son partenariat avec l'Union européenne, y compris avec l'Allemagne, vers une coopération tout aussi aléatoire avec la Chine qui ne durera que le temps de ses intérêts propres…

C- Enjeux et indépendance diplomatiques

Le Brésil[235] et l'Argentine[236] en voulant s'engager dans des projets nucléaires communs, étendent en fait leur coopération dans une volonté plus globale de réaménagement géopolitique, visant notamment de nouveaux projets nucléaires ; la recherche d'une monnaie alternative au dollar ; l'institutionnalisation du Mercosur[237]. La coopération nucléaire commune a été engagé dés 1979 mais aucun des deux pays n'a vu aboutir leurs différents projets (ex. : Argentine : retraitement du nucléaire, Ezeiza, programme SIGMA… ; Brésil : module d'enrichissement…).

En effet, le Brésil et l'Argentine ont signé un accord de compatibilité et de contrôle des matériaux nucléaires (ABACC- Agencia Brasileno-Argentina de contabilidad y control de materiales nucleares). Cet accord du 23 août 2006 prévoit de[238] :

- *« terminer la construction de la centrale Atucha II pour 2010 avec l'aide de AECL (Canada) ;*
- *explorer les possibilités de construire une nouvelle centrale nucléaire ;*
- *étendre la durée de vie de la centrale d'Embalse au-delà de 2011 ;*
- *ré-initier le programme d'enrichissement d'uranium ;*

---

235 L'énergie nucléaire représente 3% de la production d'électricité.

236 L'énergie nucléaire représente 7% de la production d'électricité.

237 Mercosur : Communauté économique des pays de l'Amérique du Sud-1991- visant à la coopération, la libre-circulation des biens, des services et des facteurs de production, un tarif extérieur commun, le rapprochement des politiques économiques et l'harmonisation de la législation. www.mercosur.org.uy

238 Presidency of Argentina, « Reactivacion nuclear », 23 juin 2008.

- *travailler sur un prototype du réacteur de 4e génération CEREM ;*
- *démarrer la production d'eau lourde ;*
- *signer un accord entre le CNEA, BACON et Technonuclear afin de fournir gratuitement des radio-isotopes aux hôpitaux publics* ».

Dès février 2008, un accord entre les deux pays a été signé, visant à produire de l'uranium enrichi, grâce à l'entité commune, COBEN (COmité Binational d'Energie Nucléaire).

En juin 2008, fut créée une entreprise binationale d'énergie nucléaire dans le but de produire de l'énergie électrique, de retraiter l'uranium et d'explorer les usages médicaux, agricoles et militaires.

A partir de septembre 2008, le champ d'application de cet accord a été précisé : *« partage des activités nucléaires, stratégies de coopération, type de transferts de technologie, sources de financement (...)* »[239]. Initialement, la société conjointe avait pour but d'enrichir l'uranium et pourrait voir ses compétences étendues sur d'autres secteurs d'activités que le nucléaire (comme la santé, l'agriculture,...), mais aussi sur le développement de réacteurs de recherche, la technologie des matériaux, la propulsion nucléaire pour le sous-marin brésilien[240]. Cependant, le projet Angra III a été abandonné tant pour des raisons financières que de non-conformité avec les normes environnementales[241].

---

[239] Ministère argentin des relations extérieures, « Visita de Estado de la Presidenta Critina Fernandez de Kirchner une Brasil : Declaracion conjunta, Brasilia, 8 septembre 2008.
[240] Ministère brésilien de la Défense, « EM interministeriel n°00437/md/sae-pr, 17 décembre 2008.
[241] www.electronuclear.bov.br

Le bilan de cette coopération apparaît comme un modèle à suivre au niveau régional, en dépit de nombreux freins intrinsèques, découlant des systèmes politiques des deux pays. Toutefois, cette « alliance stratégique » est également mise en péril en raison de la volonté de « leadership régional » des deux Etats.

Le Brésil a inauguré, en mai 2006, son premier complexe nucléaire d'enrichissement de l'uranium à Rio de Janeiro. Le pays dispose, grâce au « plan énergie 2030 », de deux installations nucléaires[242] :

- *« Angra I a été conçue par Westinghouse (Etats-Unis/Japon) à la suite d'un accord avec le Brésil et l'Allemagne ; elle a une capacité de 626 MWE et est connectée au réseau depuis 1982 ;*
- *Angra II a une capacité de 1.275 MWE et est connectée au réseau depuis 2000 ;*
- *Angra III, aurait une capacité de 1.350 MW (2014) avec AREVA. »*

Le Brésil est actuellement au 6e rang mondial pour les réserves d'uranium[243] et n'envoie plus son minerai à l'étranger à fins d'enrichissement, augmentant sa rentabilité en diminuant ses dépenses[244]. Le Brésil a signé le TNP et veut exporter de l'uranium en Chine et au Japon notamment, dès 2014.

Dans le même temps, ce pays vise à produire de l'uranium enrichi à 5% pour des besoins civils sous la supervision de l'AIEA.

---

242 www.world-nuclear.org

243 309 millions de tonnes d'U 308 mais ne dispose pas des capacités commerciales pour convertir le yellowcake en hexafluorure d'uranium pour l'enrichissement.

244 Oxford Analytica, décembre 2009.

Les autorités brésiliennes ont-elles vraiment respecté les règles de l'AIEA ? En effet, dès 2004, le Brésil accède à une « technologie nationale révolutionnaire d'enrichissement de l'uranium ». A-t-il bénéficié des réseaux du docteur A. Q. Khan ? Actuellement, l'uranium enrichi brésilien est importé d'Europe.

Le Brésil entend lier son programme nucléaire à la création d'une énergie électrique et à la construction de sous-marins nucléaires[245]. En 2004, le Président Luiz Inacio Lula da Silva a refusé d'autoriser les inspections sans limites à l'AIEA : *« un accès complet à ses centrifugeuses d'uranium ferait courir au Brésil le risque de devenir la cible d'actes d'espionnage industriel »*[246]. La technologie nucléaire brésilienne est très poussée et très performante. Les centrifugeuses seraient plus efficaces que celles utilisées aux Etats-Unis et en Europe[247].

Pour le Brésil, le programme nucléaire n'est pas uniquement civil mais doit, à terme, également concerner la construction de sous-marins nucléaires, moyen d'obtenir un siège permanent au Conseil de sécurité des Nations Unies.

---

[245] Déjà en 2004, le Président de l'Institut international pour la Paix, à Vienne, Peter Stania, déclarait à la BBC, *« Si le Brésil réussit à enrichir son propre uranium et cesse de l'importer, il va atteindre une position stratégique d'indépendance face aux pays qui dominent dans ce secteur. Cela aura un effet sur la position stratégique du Brésil comme puissance énergétique qui cherche à obtenir un siège permanent au Conseil de sécurité des Nations Unies »*. www.risal.collectifs.net

[246] www.risal.collectifs.net

[247] Corriere della Serra, le 8 mai 2006.

Le Brésil a mené une politique étrangère visant à améliorer sa place sur la scène internationale, comme en témoigne la position de Rio de Janeiro sur de nombreux dossiers, comme par exemple le nucléaire iranien, l'OMC, l'affirmation du leadership brésilien au niveau régional en Amérique du Sud (Mercosur, Unasul...).

Le Brésil a recours à une stratégie de « soft power »[248].

La nouvelle présidente du Brésil, la présidente Dilma Rousseff ne va-t-elle pas favoriser un rapprochement avec la Russie ? Les Etats-Unis vont-ils réagir à un revirement stratégique et surtout comment ? Le Brésil veut-il et a-t-il les moyens de s'imposer sur la scène internationale comme un perturbateur de l'ordre mondial.

De son côté, l'Argentine a lancé son programme nucléaire, dès 1946 et a ratifié le TNP en 1995.

Dès 1968, la société Siemens AG (Allemagne) va réactiver le programme nucléaire en lançant la construction de la centrale nucléaire d'Atucha, équipée d'un réacteur à eau lourde pressurisée qui entrera en fonction en 1974.

Cette année-là, l'Argentine va coopérer avec AECL (Canada) et Italimpianti (Italie) pour la construction de la centrale nucléaire d'Embalse qui est équipée d'un réacteur CANDU et mise en service en 1984.

---

[248] Paulo Roberto De Almeida, « Lula's Foreign Policy and Global Strategies », in Joseph Love, Waerner Baer (Dir.), « Brazil under Lula: Economy, Politics, and society under Worker-President », Palgrave-Macmillan, New York, Etats-Unis, 2009.

Dans le même temps, l'Argentine et le Brésil mettent en place un programme de surveillance mutuelle.

Depuis 1981, l'Argentine a créé ENACE, détenu à 75% par l'Argentine et par Siemens AG à 25%.

Dans les années 1980, la CONEA (COmmission Nationale de l'Energie Atomique) a exporté des technologies nucléaires au Pérou, en Algérie, en Egypte, en Chine et en Australie.

En 1994, les centrales nucléaires d'Atucha et d'Embalse passent sous le contrôle de Nucleoelectrica Argentina (NASA). Dès lors, la NASA s'associe à l'AIEA[249].

L'Argentine, fin août 2006, a lancé un plan d'énergie qui compte achever la construction de la centrale Atucha II, interrompue en 1994. Le but est d'augmenter la consommation d'énergie nucléaire à 15%.

L'Argentine va rapidement coopérer avec l'Iran en signant un accord, en 1983, qui sera suspendu en 1991, sous la pression des Etats-Unis.

Actuellement, il existe deux centrales nucléaires qui fonctionnent et qui fournissent 4% de l'énergie consommée[250]: Atucha I à Buenos Aires et Embalse à Cordoba.

Parallèlement, l'Argentine va inaugurer un réacteur nucléaire en Australie en 2007, puis mettre en route un autre réacteur au Venezuela entre Cuidad Bolivar et le delta du fleuve Orinoco[251].

---

[249] www.na-sa.com.ar
[250] 90% des besoins énergétiques sont fourni par le pétrole et le gaz.
[251] www.risal.collectifs.net

A l'horizon 2016, l'Argentine a pour objectif de produire son premier réacteur de 200 à 300 mégawatts de puissance, 100% argentin, baptisé Caren.

Le Venezuela cherche lui aussi à se procurer un réacteur nucléaire à des fins pacifiques afin d'améliorer l'exploitation pétrolière.

Dès les années 1970, le Venezuela a lancé son propre programme nucléaire avec l'aide des Etats-Unis qui lui ont fourni de l'uranium enrichi pour son réacteur de recherche RV-1.

Le 30 novembre 1983, le Venezuela a signé un accord pour le développement et l'application de l'énergie nucléaire à des fins pacifiques. Cette coopération s'est accrue en 2005, afin de créer un réacteur pouvant servir à l'extraction du pétrole lourd[252].

Le rôle de ce pays est ici intéressant car le Président Hugo Chavez est un des seuls dirigeants d'Amérique latine à s'opposer aux actions de l'ONU sur le dossier iranien. Régulièrement, le Président Chavez se rend en Iran et inversement le président Mahmoud Ahmadinejad au Venezuela. Ainsi, le 12 janvier 2007, M. Ahmadinejad a entreprit une tournée au Venezuela, au Nicaragua et en Equateur.

Actuellement, Cuba, le Venezuela et le Brésil sont les seuls membres sud-américains de l'AIEA à défendre ouvertement les positions iraniennes[253]. Aucun accord ne semble avoir été signé.

---

[252] www.untreaty.un.org

[253] Jacques Amalric, « Iran : les Etats-Unis tentés par la guerre », Alternatives internationales, décembre 2007.

Toutefois, le Président Hugo Chavez a déclaré avoir un projet visant la « construction d'un village nucléaire ».

Dès novembre 2008, le Venezuela signe un accord avec la Russie. Le but recherché par la construction conjointe de ce réacteur nucléaire serait de permettre au Venezuela d'utiliser ses gisements d'uranium directement ; mais aussi de favoriser la création de « nouveaux pôles de contrôle de l'hégémonie américaine »[254].

Le rapprochement politico-stratégique du Venezuela vers l'Iran ne va-t-il pas être lourd de conséquence dans les réactions des Etats-Unis ? Le Venezuela peut-il se permettre d'avoir les Etats-Unis contre lui ? Une alliance avec l'Iran peut-elle être crédible et significative à long terme ?

L'interdépendance énergétique est un facteur essentiel obérant les indépendances nationales. Dès lors, les Etats d'Amérique latine tentent de diversifier leurs ressources énergétiques (plus uniquement les énergies fossiles, mais également les énergies renouvelables et l'énergie nucléaire) en considérant l'énergie nucléaire comme une alternative, même si de nombreux risques persistent : implications économique, environnementale et géopolitique. Si les pays d'Amérique latine sont signataires du traité de Tlatelolco[255]- qui fait de la zone une région sans arme nucléaire-, leurs relations avec l'AIEA ne sont pas toujours exemplaires.

---

[254] Rory Carroll et Luke Harding, « Russian to built nuclear reactor for Hugo Chavez », The Guardian, 19 novembre 2008.

[255] Le traité de Tlatelolco (1967) est devenu un modèle pour l'ensemble de la région. www.un.org

Dans cette région, les questions énergétiques sont imbriquées dans le concept plus large de souveraineté, induisant des tensions et des situations favorisant l'instabilité[256].

C'est dans ce contexte que s'inscrit le programme « Energie » mis en place et développé par le Mercosur dans les années 1990. Ce dernier avait alors pour but d'*« optimiser l'utilisation des ressources régionales et de mettre progressivement en place un marché commun de l'énergie afin de réduire les coûts et améliorer la compétitivité régionale »*[257]. La difficulté repose sur la recherche d'un équilibre stable et pragmatique entre les Etats et les entreprises. Dans le même temps, les pays d'Amérique latine et l'Union européenne coopèrent en matière énergétique (ex. : programmes Alure, Synergy) mais aussi en visant le développement économique, la protection de l'environnement et la dimension sociale[258].

L'Union européenne a ainsi un rôle prédominant à jouer dans le cadre de sa politique énergétique insérer dans le cadre de la PESD (Politique Européenne de Sécurité et de Défense) afin de s'imposer sur la scène internationale au côté des Etats-Unis en prenant un rôle de leader sur la question nucléaire

Par ailleurs, la Chine mène une démarche de rachat systématique de réseaux même les moins performants encore dernièrement au Brésil, stratégie qui ressemble fort à celle menée par la Russie mais avec davantage de capitaux privés du moins en apparence.

---

256 www.mercosur.org.uy
257 www.mercosur.org.uy
258 www.eu.int

Autre acteur perturbateur dans cette zone hautement stratégique, l'Iran, qui accentue sa coopération avec le Venezuela suivie de prés par Alexandre Loukachenko, président de la Biélorussie qui développe un projet de centrale nucléaire à la frontière lituanienne suite à la fermeture d'Ignalina et pour profiter des connexions réseaux déjà existante.

II- Une énergie politisée aux multiples facettes

Si les changements climatiques amènent l'Union européenne à développer davantage ses politiques favorisant le nucléaire, il n'en demeure pas moins que la question de la gestion des déchets radioactifs s'insère régulièrement dans les débats et ce, même si le nucléaire est la seule énergie qui allie rentabilité et faible taux d'émission de CO^2.

Dès lors, l'énergie nucléaire semble de plus en plus s'imposer, dans le cadre du bouquet énergétique européen, comme étant le meilleur moyen de réduire les émissions de gaz à effet de serre[259]malgré quelques affichages défavorables depuis Fukushima.

Les contrats dans le secteur de l'énergie sont souvent établis avec des clauses d'indexation sur les cours. Or, avec la récente crise financière et économique, de nouvelles conditions de règlementation sont exigées et ce, avec une visibilité ne dépassant pas trois mois. La fonction d'achat s'internationalisait (via Internet notamment) et doit anticiper les évolutions des cours. Ainsi, les matières premières deviennent-elles stratégiques au sein des entreprises[260].

Le tableau ci-après visualise la part que représente le nucléaire dans la production d'électricité, en Europe[261] :

---

[259] Dr Elvine Fabry, « La politique européenne de l'énergie », Séminaire du 2 juin 2008, Fondation pour l'innovation politique, Document de travail, octobre 2008.
[260] Yves Simon et Delphine Lautier, « Marchés dérivés de matières premières », Economica, Paris, 2006.
[261] AIEA, avril 2009.

Pays	Pourcentage (%)
France	76,9
(Lituanie)*	(64,4)
Slovaquie	54,3
Belgique	54,1
Ukraine	48,1
Suède	46,1
Arménie	43,5
Slovénie	41,6
Suisse	40
Hongrie	36,8
Bulgarie	32,1
République tchèque	30,3
Finlande	28,9
Allemagne	25,9

**Le 31 décembre 2009, la Lituanie a du fermer la deuxième tranche de la centrale d'Ignalina en respect de les engagements pris pour son adhésion à l'Union européenne.*

Dès lors, il apparaît que l'énergie nucléaire est importante en Europe. Certains pays, l'ayant davantage développé que d'autres. Le nucléaire assure 15% de la production d'électricité dans le monde, avec une puissance installée de 371 GW répartie entre 437 réacteurs dans 29 pays[262] :

- Westinghouse (filiale de Toshiba) : 28%,
- EDF et AREVA : 24%,
- General Electric : 20%,
- Atomergoprom : 10%
- AECL Canada : 5%.

Dès lors, la stimulation du renouveau nucléaire provient de la croissance des besoins en électricité en particulier dans les pays en développement, la recherche de solutions non carbonées et l'instauration progressive de pénalités sur les émissions de CO_2, ainsi que la nécessité de remplacer le parc existant, dont la moyenne d'âge est de 26 ans.

[262] AIEA, mars 2010.

Le nucléaire évolue rapidement[263]. Ainsi, l'estimation du marché des centrales nucléaires dans le monde était-il le suivant[264] :

Pays ou régions	Parc existant en 2010	En construction	Autres projets possibles	Parc en 2030 (est.)
Etats-Unis	122	1	40	140
Asie	111	38	190	330
Europe des 27	148	5	35	170
Russie et CEI	48	10	30	70
Autres	8	1	35	40

Dans le même temps, les prévisions d'évolutions du parc nucléaire dans le monde est répartit comme suit[265] :

Puissance installée en GW	2010	2030 Hypothèse haute-Hypothèse basse
AIE	371	648-475
World Nuclear Association	371	1.339-602

La transition énergétique repose sur de nombreuses incertitudes technologiques et de ressources :

- *« le prix du gaz est intéressant : grâce au gaz de schiste, il est de 2 $ aux Etats-Unis, ce qui diminue les besoins en nucléaire et en charbon ; en Europe, le prix reste élevé car indexé sur celui du pétrole. La sortie du nucléaire de l'Allemagne augmente le recours au charbon. En Asie, le prix du gaz est très élevé ;*

[263] « Le Nucléaire », Passage n°163, 2e trimestre 2010.
[264] KB Intelligence, mars 2010.
[265] WEO et WNA, 2010.

- *la rentabilité du nucléaire en France repose sur différents scénarios*[266] *de l'augmentation de la durée de vie des centrales sur 50-60 ans, une diminution du nucléaire, une accélération du passage à la IVe génération*[267]*, une sortie du nucléaire. Economiquement, le nucléaire est le moins coûteux notamment avec l'allongement de la durée de vie des centrales à 60 ans s'il y a accord de l'ASN*[268]*, et les investissements induits. »*

Les vulnérabilités du secteur nucléaire reposent sur des axes tels que[269] :

- *« la disparité des niveaux de développement des Etats membres,*
- *le risque terroriste ou accidentel,*
- *le déficit d'image,*
- *le boycott des livraisons,*
- *la hausse des concentrations d'entreprises. »*

---

266 Jacques Percebois et Claude Mandil, « Rapport énergie 2050 », Ministère des Finances et de l'industrie, Paris, février 2012.

267 Les avantages du nucléaire entre la génération III et le IV sont triples : réacteurs EPR et centrifugeuses (voire de l'enrichissement d'uranium, Eurodif), l'utilisation de l'uranium pour le retraitement, (usine de La Hague), récupération du plutonium (Mox). Michel Chateline, Patrick Criqui, Daniel Heueur, Sylvestre Huet, « Nucléaire : quels scénarios pour le futur ?, 360 collection, La ville brûle, Paris, 2012 et Euratom Supply Agency Annual Report, 2010.

268 Autorité de sûreté nucléaire.

269 Euratom Supply Agency Annual Report, 2010.

Dans une vision à long terme, il est nécessaire de développer de centrales de la 3eme génération et de continuer la 4eme génération, poursuivre la R&D sur le stockage de l'électricité, augmenter les interconnexions électriques, la création de champions européens, l'adoption d'une politique européenne, les politiques d'alliances[270], voire le partage du nucléaire.

[270] Ex. : Création d'une alliance entre Areva (France) et le CGNPC (China Guangdong Nuclear Power group- Chine). « Nucléaire : Areva coopère avec les chinois au Royaume Uni », Les Echos, 9 juillet 2012.

A- Entre l'abandon progressif à la réhabilitation

Certains pays, sous pression de leur opinion publique, se sont lancé dans une politique d'abandon du nucléaire civil pour la production d'électricité, prétextant notamment l'insécurité nucléaire, les impacts sur l'environnement ou encore les conséquences induites sur le plan social.

L'étude ci-après portera essentiellement sur deux pays : l'Allemagne et les Etats-Unis. Ces deux Etats sont originaux dans leur appréhension de cette problématique stratégique.

A la suite de la catastrophe de Tchernobyl (Ukraine), le 24 avril 1986, l'Allemagne s'est lancée dans une politique d'abandon progressif de l'énergie nucléaire[271], entre 2005 et 2020 quitte à externaliser sa production de CO_2 en plantant hors de ses frontières aux limites orientales des centrales thermiques particulièrement polluantes.

La loi sur « la fin programmée de l'utilisation de l'énergie nucléaire pour la production commerciale d'électricité » du 26 avril 2002, se fondait sur deux axes moteurs : la construction de nouvelles centrales n'était plus autorisée ; et la durée de vie des centrales existantes était limitée à 32 ans après leur mise en service[272]. Quatre entreprises se répartissaient alors le marché de la distribution d'électricité en se partageant les réacteurs en service : EnBw, E.On.Ag[273], RWE et Vattenfall.

---

[271] Convention du 14 juin 2000 entre les Verts et les Socialistes d'un côté et les exploitants du nucléaire de l'autre. Actuellement, 17 centrales nucléaires couvrent 28% des besoins allemands.

[272] Daniel Steinvorth, « L'énergie nucléaire comme trouble-fête du débat politique », Friedrich Ebert Stiftung, avril 2006.

[273] EON et le CEA (France) avaient lancé un accord portant sur un projet de recherche nucléaire pour des réacteurs de 2e, 3e et 4e générations.

Selon la loi de 2002, en 2021, les centrales nucléaires allemandes devaient s'arrêter de fonctionner. Or, le nucléaire fournissait encore 28% de la production d'électricité[274]. En septembre 2009, la chancelière Angela Merkel a lancé un programme pour revenir sur l'abandon du nucléaire confirmé suite à l'incident de la centrale de Fukushima.

L'opinion publique et la classe politique allemande étaient loin d'être unanimes sur cette question au point que des voix s'élevaient et notamment celle la chancelière Angela Merkel qui parlait d'un « désengagement du désengagement ».

Un état des lieux des différentes positions était le suivant[275] :

- *« la démocratie chrétienne, les associations patronales et le FDP voulaient revenir au nucléaire car elles considéraient que le désengagement avait été décidé sur la base d'informations erronées d'une part ; et d'autre part, seule une prolongation de la durée de vie des centrales nucléaires en service aurait permis d'assurer l'approvisionnement énergétique, de fournir un courant électrique bon marché en évitant de pénaliser les citoyens ;*
- *le SPD et les associations de défense de l'environnement, les Verts et le PDS considéraient que le désengagement du nucléaire avait permis de désamorcer un potentiel de conflits sociaux de longue durée. L'énergie nucléaire représentait un danger pour l'environnement et pour la population, et ceci d'autant plus que la question du traitement des déchets n'était pas encore été résolue ;*

Si EON est aujourd'hui à l'équilibre financier malgré l'abandon du nucléaire, c'est notamment grâce à ses « accords stratégiques » avec Gazprom

[274] EON est un producteur d'électricité et Siemens un constructeur.

[275] www.swp-berlin.org (Stiftung Wissenschaft und Politik).

- *l'opinion publique allemande appréciait peu l'énergie nucléaire mais ne la rejetait pas totalement. Cependant, 70% était opposée à la construction de nouvelles centrales. »*

En 2005, Edmund Stoiber et Angela Merkel avaient promis de prolonger, dans tous les cas, la durée de vie des centrales nucléaires, d'envisager la construction de nouvelles centrales et de passer moins de temps que le gouvernement « Rouge-Vert » sur les énergies renouvelables.

Le but plus lointain résidait aussi dans une volonté d'indépendance énergétique, notamment par rapport aux importations de gaz russe[276].

Le 20 juin 2008, la chancelière Angela Merkel avait donné un nouveau souffle au débat sur la relance du nucléaire civil, justifiant son programme par la flambée des prix de l'électricité[277].

Toutefois, sa défaite aux élections régionales en Rhénanie du Nord Westphalie, le 9 mai 2010, ont remis en question cette situation. Le 9 juin 2010, la chancelière Merkel, a encore cherché à imposer aux groupes énergétiques allemands (EON, RWE, ENBW[278], Vatenfall...) un texte sur les gains supplémentaires issus de la prolongation de l'exploitation des dix sept centrales nucléaires.

---

[276] Siemens, constructeur allemand, cherchait alors à mettre en place un partenariat stratégique avec Rosatom (Russie). L'objectif ainsi visé est de détenir un tiers du marché mondial. Fabienne Gautier, « Nucléaire en Allemagne, pas de grand bond en arrière », in « Sortir du nucléaire », n°30, mars 2006.

[277] 17 centrales assurent 26% de l'électricité en Allemagne.

[278] ENBW était détenu à 45% par EDF.

L'incident de la centrale nucléaire de Fukushima a signé l'arrêt complet du nucléaire civil en Allemagne.

En effet, le poids des opinions publiques et les défaites électorales de la chancelière ont entraîné Berlin dans une politique d'arrêt « définitif » du nucléaire. Concrètement l'Allemagne va devoir diminuer de 2% par an (limité à 22%) son électricité d'origine nucléaire sur 10 ans en la compensant par une politique volontariste reposant à la fois sur les énergies renouvelables (17% en 2010, 35 % en 2020 et 80% en 2050) et sur les énergies thermiques à flamme afin de dépondre à l'objectif de la loi du 29 mars 2000 « Eneverbare Energien Gesetz ».

L'Allemagne ayant ainsi déjà fermé 17 centrales nucléaires a réduit son indépendance énergétique de façon significative et se trouve dans l'obligation de recourir aux interconnexions avec les pays voisins (y compris nucléaire) comme la France.

D'ici 2020 toutes les centrales devront être fermées en Allemagne. Le financement de la stratégie énergétique en Allemagne s'avère long, coûteux (14 milliards d'euros) et complexe tant il repose sur les ménages et les PME et non sur les grands consommateurs industriels. Le gestionnaire néerlandais TENET qui a acheté le réseau d'ENEL en 2009, rencontre des problèmes importants de raccordements et d'interconnexions notamment pour les projets éoliens en mer du Nord. Après de nombreuses négociations, un accord a été trouvé entre TENET et des investisseurs privés allemands tels qu'Allianz et Munich Re[279].

[279] Munich Re a déjà investi 2,5 milliards d'euros dans les ENR en Grande-Bretagne, David Barou, « L'Allemagne s'interroge sur le financement de sa stratégie énergétique », Les Echos, 21 août 2012.

Une telle politique et un tel choix stratégique est lourd de conséquences à long terme : la Russie ne va-t-elle pas, comme telle a été sa stratégie pour les hydrocarbures et la politique des tuyaux, d'utiliser l'Allemagne comme un tremplin pour accéder aux décisions stratégiques de l'Union européenne ?

En conséquence, l'attitude de Siemens qui a dénoncé unilatéralement ses engagements avec Areva pour se rapprocher de Rosatom avant de dénoncer de fait et unilatéralement son accord, quelle sera à terme la réaction de Rosatom ?

A terme, l'Union européenne pourra-t-elle continuer à laisser ses pays développer des politiques énergétiques séparées ?

La construction de la centrale nucléaire russe de Kaliningrad au cœur et aux portes de l'Europe ne constitue-t-elle pas un défi pour Bruxelles ? De leur côté, dès 2003, les Etats-Unis lancent le « Proliferation Security Initiative » qui consiste en un échange d'informations dans une vingtaine de pays sur les trafics possibles et les coopérations pour contrôler les navires qui se livrent à ces actes[280]. En même temps, les Etats-Unis favorisent la création de vingt-cinq nouveaux réacteurs sur leur territoire.

Washington a pris de nombreuses initiatives en matière de non prolifération, en plus du système existant[281] :

- *« le Proliferation Security Initiative (2003) qui permet de mener des opérations de contrôle en haute mer*[282] *;*

---

[280] Georges Le Guelte, « Les armes nucléaires- Mythes et réalités », Actes Sud, Paris, 2009.

[281] www.canergieendowment.org/npp

[282] Ce texte est d'ailleurs partiellement repris par la résolution du Conseil de sécurité des Nations Unies du 28 avril 2004.

- *le partenariat global sur l'énergie (mars 2006) qui permet aux pays en développement d'avoir un accès sécurisé au combustible sous l'égide de l'AIEA en échange d'un engagement à renoncer à développer la technologie de l'enrichissement et du recyclage ;*
- *la nouvelle doctrine stratégique de mars 2006 qui renforce l'action préventive (...). »*

Le Président G. W. Bush voulait donc d'une part, relancer le nucléaire civil aux Etats-Unis, tout en apportant d'autre part, une assistance plus grande aux Etats voulant renforcer leur nucléaire civil, en échange de plus grandes garanties sécuritaires et d'une meilleure transparence concernant des activités pouvant servir le nucléaire militaire (comme l'enrichissement de l'uranium).

Le Président américain Barack Obama a relancé le nucléaire américain[283] et ce, même si la société Westinghouse est actuellement détenu et contrôlé par Toshiba (Japon).

Le 15 février 2010, en vertu de la loi de 2005 autorisant le département de l'énergie à « garantir des prêts pour des projets privés réduisant les gaz à effet de serre », le Président américain, Barack Obama, s'est déclaré favorable à la construction de deux réacteurs nucléaires, afin de diminuer la dépendance énergétique des Etats-Unis par rapport à l'étranger et de lutter conte les émissions polluantes.

---

[283] Les Etats-Unis ont des réacteurs à eau pressurisée (AP 100 de Westinghouse de 1.150 MW) et des réacteurs à eau bouillante (ABWR de GE Hitachi de 1.350 à 1.460 MW puis ESBWR de 1.550 MW). L'organisme de certification américain est Nuclear Regulatory Commission (NRC). La sûreté nucléaire est assurée grâce à des systèmes passifs de circulation d'air et d'eau pour le refroidissement du cœur du réacteur et des enceintes de confinement. Le taux de disponibilité est de 91,4% sur trois ans. « Le nucléaire », Passages n°163, 2e trimestre 2010.

Ainsi, Barack Obama défend un projet de loi « climat énergie » et relance le nucléaire qui permet de diminuer les gaz à effet de serre.

Actuellement, aux Etats-Unis, cent quatre réacteurs sont en service, un est en construction (depuis 1972- interrompu en 1988) et vingt six sont en projet (autorisation en cours d'examen)[284]. Le nucléaire fournit 20% de l'électricité et 8% de l'énergie totale[285].

Dans ce même ordre d'idées, Bill Gates se lance dans une course à la puissance des réacteurs nucléaires d'une puissance inférieure à 1.000 MWe, afin de permettre aux pays qui envisageraient de se lancer dans l'électronucléaire et dont le réseau est trop faible, d'y parvenir. Pour ce faire, Bill Gates coopère avec Terra Power et Toshiba.

Historiquement, les petits réacteurs n'ont pas connu de succès car ils étaient trop chers. Toutefois, l'évolution du secteur énergétique change et quasiment toutes les entreprises du nucléaire proposent ce type de réacteurs[286]. Une telle politique peut se révéler très dangereuse en termes de sécurité des sites et en matière de contrôle. Dès lors, une telle diplomatie devrait être liée à un renforcement du rôle de l'AIEA[287].

---

[284] Le mix énergétique est de 39% pour le pétrole, 24% pour le gaz, 22% pour le charbon, 8% pour le nucléaire et 7% pour les énergies renouvelables. AEI, 2010.

[285] Fabrice Nodé-Langlois, « Obama prépare l'après pétrole », Le Figaro, 13 juin 2010.

[286] Lettre n°5- « Bill Gates va-t-il révolutionner l'énergie nucléaire ? », Passages 2050, avril 2010.

[287] Craig Stapleton, « Les promesses de l'énergie nucléaire, le défi de la prolifération », Défense nationale, avril 2006.

L'afflux de capitaux dans le secteur de l'uranium fait apparaître des start-up aux Etats-Unis qui attirent les capitaux spéculatifs mais en fait, il n'existe que quelques majors qui soient capables de maîtriser la technologie de l'enrichissement de l'uranium[288].

Dans ce contexte, en mai 2007, le Nymex de New York, en partenariat avec Ux Consulting a lancé les premiers contrats de futures « uranium ».

Dans le même ordre d'idées, les premiers EFT (Exchange Traded Fund : fonds indiciels cotés)[289] existent depuis octobre 2007 aux Etats-Unis, avec notamment un fonds « Market Vectors-Nuclear Energy » qui répliquent les performances d'un nouvel indice publié par la Deutsche Börse (Daxglobal Nuclear Energy Index) qui suit l'évolution d'un panier d'actions du secteur.

Ceci étant, il existe d'autres variantes, tels que le Toronto Stock exchange qui propose lui aussi un EFT « Uranium participation Corp. », ou encore la société britannique Nufcor Uranium, spécialisée dans les investissements pure play[290].

---

[288] Ce marché n'est détenu que par quelques sociétés sur la scène internationale, telles qu'AREVA (France), Rosatom (Russie), Usec (Etats-Unis). Philippe Chalmin, « Cyclope- Les marchés mondiaux 2009 », Economica, Paris, 2009.

[289] Les EFT ont pour objet de répliquer la performance d'un indice boursier (action, obligation, matières premières). Sylvain Mathon, « La spéculation bat son plein sur les mines d'uranium depuis le début de l'année (I) et (II) », L'Edito des matières premières, 7 mars 2008.

[290] Sylvain Mathon, « La spéculation bat son plein sur les mines d'uranium depuis le début de l'année (I) et (II) », L'Edito des matières premières, 7 mars 2008.

La France est également présente aux Etats-Unis. En effet, EDF, déjà partenaire au sein d'Unistar, EDF et Constellation Energy créent la filiale Constellation Nuclear Energy Group[291]. Ainsi, EDF s'impose comme le premier électricien nucléaire aux Etats-Unis. Le premier EPR (réacteur de 3e génération) sera opérationnel aux Etats-Unis en 2016.

Actuellement, cent quatre centrales nucléaires américaines fournissent seulement 20% de l'électricité consommée au niveau national.

Les Etats-Unis ont fait le choix stratégique de maintenir le nucléaire dans leur bouquet énergétique même si les récentes découvertes de gaz et de pétrole de schiste inversent la donne rendant Washington a terme exportateur de gaz. Toutefois, en dépit de considérations économiques et politiques, la décision de poursuite du nucléaire aux Etats-Unis est intéressante montrant par la même les enjeux induits de cette énergie en terme de domination de la politique internationale.

A contrario, la décision française du Président François Hollande en 2012 de ramener la part du nucléaire dans le mix énergétique à 50% en 2020 et de fermer la centrale de Fessenheim[292] d'ici 2017, ne sera-t-elle pas préjudiciable au rayonnement de la France ?

---

[291] Constellation Energy (qui possède 50% d'Unistar) possède 50,01% de Constellation Nuclear Energy Group et EDF (qui possède 50% d'Unistar) possède 49,99% de Constellation Nuclear Energy Group. www.edf.fr

[292] Une simple irritation au doigt provoquée par une projection d'eau oxygénée le 5 septembre 2012 a relancer le débat sur la fermeture de Fessenheim.

Le Haut Représentant pour la Politique Européenne de Sécurité et de Défense (PESD), Javier Solana, a plaidé en faveur de la création d'un « centre d'enrichissement sous supervision multilatérale », afin de permettre l'accès aux Etats qui le souhaitent de développer leur nucléaire civil sans enrichir l'uranium ; l'Iran a d'emblée refusé d'y participer[293]. Les Etats-Unis et l'Union européenne n'ont-ils pas intérêt à trouver des terrains d'entente tels que le nucléaire dans leurs choix stratégiques.

L'ambiguïté de l'attitude de l'Europe et des Etats-Unis face au nucléaire iranien, comparativement à celui de la Corée du Nord, a renforcé encore un peu plus la radicalisation de Téhéran.

En effet, il y a eu, in fine, des garanties accordées ainsi qu'une aide économique attribuées à Pyongyang alors qu'il n'en a jamais été question pour l'Iran[294]. Le Président Barack Obama se positionne sur deux fronts bien distincts : la dénucléarisation du monde et le renouveau de la politique nucléaire américaine orientée vers un désarmement nucléaire « option globale zéro »[295].

Le 6 avril 2010, le Président américain Barack Obama a présenté la « Doctrine Nucléaire Stratégique - Nuclear Posture Review » qui est en fait une feuille de route afin de réduire le rôle et le nombre d'armes nucléaires américaines, tout en protégeant les Etats-Unis et leurs alliés des menaces les plus imminentes.

---

293 Javier Solana, Session plénière du Parlement européen, Bruxelles, 30 janvier 2008.
294 Hans Blix, « Attention à ne pas humilier l'Iran », Challenges, n°75, 12 avril 2007.
295 Hilary Rodham Clinton, « Une stratégie sur les armes nucléaires pour le XXIe siècle », Le Figaro, 9 avril 2010.

Actuellement[296] :

- *« la prolifération des armes nucléaires et le terrorisme nucléaire ont remplacé le risque d'une attaque nucléaire de grande ampleur ;*
- *la doctrine nucléaire stratégique définit une nouvelle approche qui mobilisera la politique de défense et la diplomatie américaine afin de faire face efficacement à ces défis ;*
- *les Etats-Unis s'engagent à ne pas utiliser et à ne pas menacer d'utiliser d'armes nucléaires contre un Etat ne disposant pas de l'arme nucléaire, signataire du TNP et qui respecte ses obligations en matière de non-prolifération ;*
- *les Etats-Unis n'envisageraient l'utilisation de l'arme nucléaire que dans des circonstances exceptionnelles afin de défendre leurs intérêts vitaux ou ceux de leurs alliés et partenaires ;*
- *les Etats-Unis tiendront pour responsables les Etats, les groupes terroristes ou n'importe quelle entité non-étatique qui favorisera ou soutiendra les efforts d'organisation terroristes pour obtenir ou utiliser des armes de destruction massives ;*
- *la collaboration étroite avec nos alliés dans le monde entier : renforcement des systèmes de sécurité régionaux. Ex. : missiles défensifs... ;*
- *la prolifération nucléaire et terrorisme sont des défis mondiaux ».*

[296] Hilary Rodham Clinton, « Une stratégie sur les armes nucléaires pour le XXIe siècle », Le Figaro, 9 avril 2010 et www.whitehouse.org

C'est dans cet état d'esprit que s'est ouvert les 12-13 avril 2010, le Sommet sur la sécurité nucléaire dont le but était de *« sécuriser l'ensemble du matériel nucléaire vulnérable aussi rapidement que possible afin d'évier qu'il ne tombe aux mains de terroristes »*[297].

La pensée politique américaine a fortement évoluée sur les problématiques liées à la doctrine nucléaire[298] ; si l'on compare la période du Président G. W. Bush où *« l'arme nucléaire protège d'un éventail plus larges de menaces »* et celle de B. Obama où les principes fondamentaux reposent sur trois axes essentiels :

- *« no first use ;*
- *retrait des armes nucléaires américaines de la hair-trigger alert*[299] *;*
- *développement des relations avec la Russie et les autres Etats nucléaires afin de diminuer les arsenaux nucléaires »*[300].

Cependant, la nouvelle doctrine américaine est perçue par les experts américains comme un affaiblissement de la force de dissuasion américaine qui favoriserait de fait les ambitions nucléaires d'Etats, tels que la Corée du Nord, l'Iran ou encore la menace terroriste[301].

---

[297] Hilary Rodham Clinton, « Une stratégie sur les armes nucléaires pour le XXIe siècle », Le Figaro, 9 avril 2010.

[298] Joseph Cirincione, « Les Etats-Unis révisent leur stratégie nucléaire », Le Monde, 7 avril 2010 et Sharon Squassoni, www.csis.org/publication/nuclear-posture-review

[299] « Alerte selon laquelle les armes nucléaires américaines peuvent être lancées immédiatement contre des cibles russes », www.securitynationaljournal.com

[300] www.csis.org/publication/nuclear-posture-review

[301] www.heritage.org

La nouvelle donne politique menée par le Président Barack Obama vise à une maîtrise des armements ainsi que de la sécurité régionale. Une telle diplomatie aboutira sans doute à la ratification par les Etats-Unis du « Traité d'Interdiction Complète des Essais nucléaires » (TICE). D'autre part, la reconduction du « Traité de Réduction des Armes Stratégiques » (START) qui est arrivé à échéance en 2009, a été un enjeu de taille.

Ainsi, le tableau ci-après permet de visualiser le nombre d'armes nucléaires réparties dans le monde[302] :

Pays	Quantité
Etats-Unis	4.100 déployés 5.100 en attente de destruction
Russie	5.200 déployées En attente de destruction : n.c.
France	300
Chine	Entre 180 et 240
Israël	Entre 75 et 200
Royaume-Uni	160 Réserve : inconnu
Pakistan	60
Inde	Entre 50 et 100
Corée du Nord	5 à 10 Opérationnelle : n.c.

Les Etats-Unis s'orientent vers l'instauration d'un climat de confiance avec la Russie et prévoient en ce sens de retirer 240 bombes nucléaires tactiques américaines du territoire européen (Belgique : 120, Pays-Bas : 20, Allemagne : 20, Italie : 90, Turquie : 90) et la réduction du niveau d'alerte des armes déployées par les Etats-Unis et la Russie.

302 IISS, Londres, 2009.

Ces deux pays ont renforcé les négociations sur le nouveau traité START qui a été remplacé avant son expiration, le 5 décembre 2009.

Le nouveau traité START inclut une réduction de 30% du nombre de têtes nucléaires stratégiques que les Etats-Unis et la Russie seront autorisé à déployer, ainsi qu'un système de contrôle efficace, qui renforcera la stabilité de la relation entre les deux pays, tout en réduisant les risques d'erreurs de communication ou d'appréciation[303].

L'avenir du nucléaire civil aux Etats-Unis est un élément important de la politique extérieure du président B. Obama.

Ainsi, lors du discours sur l'état de l'Union (janvier 2010), il a insisté sur la nécessité de *« construire une nouvelle génération de centrales nucléaires sûres et propres »* et d'instaurer une commission destinée à réfléchir à la gestion des déchets nucléaires. Dans cet ordre d'idées, le projet de loi budgétaire pour 2011 prévoyait le triplement du fonds de garantie pour construire des centrales nucléaires[304].

---

[303] Hilary Rodham Clinton, « Une stratégie sur les armes nucléaires pour le XXIe siècle », Le Figaro, 9 avril 2010.
[304] www.heritage.org

B- Vers un modèle européen ?

Pour adhérer à l'Union européenne, la Lituanie a du s'engager à fermer la première tranche de sa centrale d'Ignalina en décembre 2005 et la deuxième et dernière en décembre 2009.

Pour des raisons de sécurité et en accord avec les conventions d'adhésion à l'Union européenne, la Lituanie a donc fermé définitivement sa centrale nucléaire d'Ignalina[305]qui fournissait alors 80% de l'électricité du pays et qui lui permettrait d'exporter 30% de l'électricité qu'elle produisait vers l'Estonie et la Lettonie et Kaliningrad.

Dès lors, quatre solutions de substitution concomitantes se présentent à la Lituanie : un câble électrique sous-marin avec la Suède (horizon 2018) ; un câble électrique avec la Pologne (horizon 2020) ; une nouvelle centrale électrique au gaz naturel (horizon 2013) ; une nouvelle centrale nucléaire (horizon 2018-2020).

Les interconnexions

Le système énergétique lituanien et plus largement balte, n'est toujours pas relié aux réseaux électriques ouest-européens et a recours à l'électricité de ses voisins : Estonie, Ukraine (puis Russie directement ou non) depuis le 1er janvier 2010.

Dans un deuxième temps, Vilnius se raccordera aux réseaux polonais et suédois afin d'importer son électricité de l'UE.

---

[305] Cette centrale se trouve précisément à Visaginas, à130 kilomètres nord-est de Vilnius, à proximité de la Biélorussie et de la Lettonie.

Depuis le 4 décembre 2006, seul le câble électrique entre l'Estonie et la Finlande[306], d'une puissance de 350 mégawatts existe. Il a été financé à 25% par la Lituanie qui pourra donc l'utiliser à hauteur d'un quart de sa capacité[307]. Le projet de câble électrique sous marin entre un des pays baltes et la Suède n'est pas encore totalement terminé[308]. Deux projets d'interconnexions électriques sous la Baltique sont à l'étude : Swedlidt de 700 à 1.000 MW, prévu pour 2013, via un câble sous-marin de courant continu, de 340 km de long, avec deux stations de transformation : en Lituanie et en Suède ; Eastlink 2 de 650 MW, prévu pour 2014, (avec l'aide du groupe finlandais Fingid)[309].

Outre le remplacement d'Ignalina par une autre centrale nucléaire, la Lituanie doit donc développer ses interconnexions. C'est le cas, en décembre 2010, avec la signature d'un contrat avec ABB pour l'interconnexion avec la Suède. Reste à développer, celles avec la Finlande et avec la Pologne.

---

[306] Actuellement, ce câble est d'une longueur de 105 km et d'une capacité de 350 Mwh. Son montant total est évalué à 110 millions d'euros. La capacité estimée à terme, devrait être de 1.000 Mwh. Depuis 2009, il relie la Pologne et la Lituanie. Le gouvernement finlandais entend construire deux nouveaux réacteurs et dans ce cadre et ainsi a choisi les entreprises TVO et Fenovoima. Actuellement, la Finlande possède quatre réacteurs nucléaires (datant des années 1970), ainsi qu'un EPR de nouvelle génération, en construction par le consortium Areva-Siemens. www.usinenouvelle.com

[307] Le Monde, 30 décembre 2006.

[308] Marielle Vitureau, « Construira, construira pas une centrale pour les Etats baltes ? », in « Regard sur l'Est », 1er avril 2004.

[309] www.usinenouvelle.com

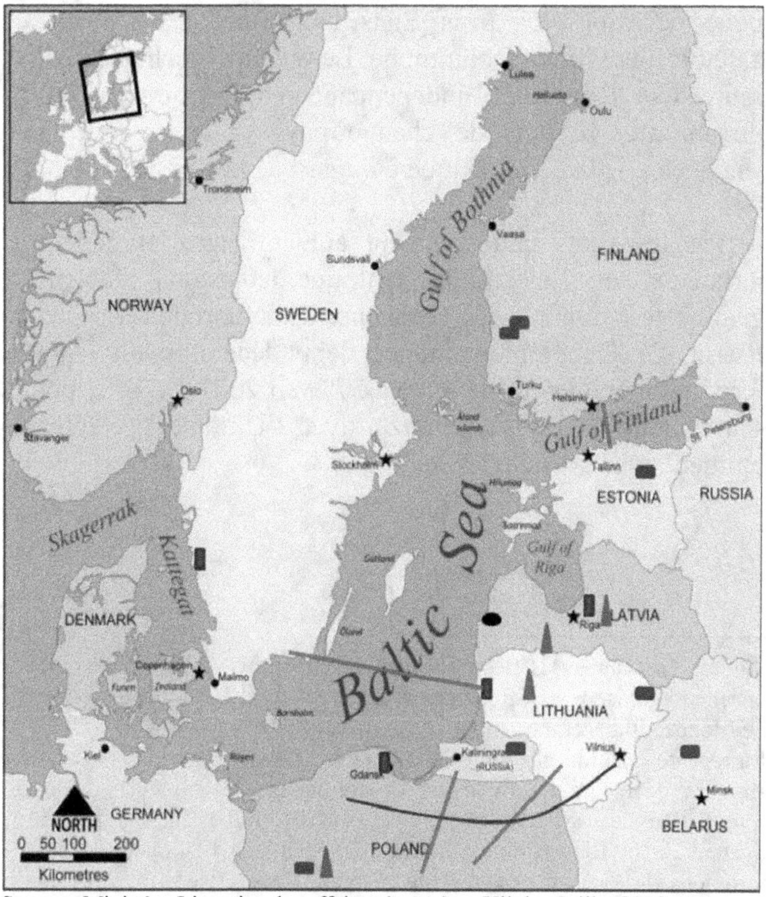

Source : Ministère Lituanien des affaires étrangères Vilnius Juillet 2010

Une nouvelle centrale nucléaire

En mars 2006, les Premiers ministres des trois Etats baltes ont donné leur accord pour la construction d'une nouvelle centrale nucléaire en Lituanie, -utilisant les infrastructures existantes et la main d'œuvre locale-, de type occidental et d'une puissance de 1.000 mégawatts

A cette occasion, les trois Etats baltes ont élaboré une « stratégie énergétique » commune. Le but ainsi recherché est d'assurer leur sécurité et l'indépendance énergétique, tout en répondant aux besoins de chaque pays et en évitant la dépendance au plan énergétique à l'égard de la Russie[310].

En effet, les Etats baltes étaient autosuffisants et étaient exportateurs net d'électricité, tant que le second réacteur d'Ignalina fonctionnait. En revanche, ils importaient du gaz de Russie. Or, Gazprom a annoncé, début décembre 2006 que les prix augmenteraient de 30% à 57% en 2007[311]. Tous ont le souvenir de la « crise du gaz » avec l'Ukraine[312] et plus récemment avec la Biélorussie.[313]

---

[310] Andrea Griffante, « L'électricité après Tchernobyl, le grand marché européen s'organise », in « Regard sur l'Est », 1er avril 2006.
[311] Le Monde, 30 décembre 2006.
[312] La récente crise du gaz entre la Russie et l'Ukraine est dans tous les esprits des décideurs politiques et économiques : le 3 janvier 2006, Gazprom (Russie) instaura un blocus sur l'Ukraine à la suite de l'exigence de la Russie du paiement immédiat par l'Ukraine de ses importations de gaz, au prix réel du marché. Cette crise qui aurait pu entraîner de fâcheuses conséquences pour tous les pays européens mais était en réalité un prétexte pour le Président russe, Vladimir Poutine, pour utiliser l'arme énergétique comme une menace afin de rétablir la puissance géopolitique de la Russie et de réinsérer la politique énergétique globale, comme vecteur majeur de politique extérieure. « The Times » de 2006 à 2009.
[313] Les négociations entre la Russie et la Biélorussie sur le prix du gaz ont été l'objet de marchandage et de menaces. Plus encore que le prix du gaz, la participation de Gazprom dans Beltransgaz est un point essentiel de discorde. La Russie couvre 80% des besoins énergétiques de la Biélorussie qui tire la majeure partie de ses revenus des ressources énergétiques qu'elle fait transiter par son territoire. L'Union européenne, dont 5% du gaz consommé transite par la Biélorussie a pressé les deux parties de trouver un accord. Le Monde, 30 décembre 2006 à 2009.

De son côté, la Pologne qui, originellement aurait voulu créer sa propre centrale nucléaire, à partir de 2014[314], s'est finalement ralliée au projet commun balte, sans abandonner pour autant ses objectifs initiaux.

Une société énergétique polonaise a rejoint le projet, et chacun des pays a 25% des parts de la centrale nucléaire[315]. Le premier réacteur devrait être prêt pour 2015.

Une nouvelle coopération entre la Pologne et la France s'est amorcée, le 5 novembre 2009, en matière nucléaire, visant la recherche et la formation d'ingénieurs et de techniciens polonais afin de favoriser le « *développement de centrales nucléaires conformément à la nouvelle politique de l'énergie de la Pologne d'ici 2030* ».

Le 31 mai 2010, la Pologne et le Japon ont signé un « mémorandum de coopération dans le nucléaire civil » afin que Varsovie puisse bénéficier des expériences japonaises dans ce domaine. Ainsi, les premiers et deuxièmes réacteurs polonais devraient être mis en service en 2020 et le troisième en 2025[316].

Le 28 juin 2007, le parlement lituanien a adopté une loi prévoyant la construction d'une nouvelle centrale nucléaire pour remplacer Ignalina. L'Etat lituanien détiendra au moins 51% des parts de l'investisseur national lituanien qui fera partie d'un consortium incluant aussi des compagnies énergétiques de Lettonie, d'Estonie et de Pologne.

---

314 Toutefois, la Pologne a le projet de construire deux centrales, en 2020.

315 Accord entre PKN Orlen (Pologne) et Mazeiku Nafta Group (Lituanie), juillet 2007.

316 Déclaration commune de Donald Tusk, Premier ministre de Pologne et de Nicolas Sarkozy, Président de la république française, le 5 novembre 2009.

Le coût de la construction du site d'une capacité de 800 à 1.600 MW est estimé entre 2,4 et 4 milliards d'euros.

Les hésitations pour le remplacement d'Ignalina (alliance avec les autres pays baltes, avec la Pologne, structure juridique et financière de Léo…) ont laissé la place à d'autres éventualités concurrentes (Biélorussie, Kaliningrad notamment).

Au point que l'appel d'offre lancé en 2010 a été infructueux : le consortium français s'est retiré et quelques jours après le voyage de Dmitri Medvedev en Corée du Sud, Kepko s'est retiré lui aussi.

Aujourd'hui l'Union européenne au lieu d'avoir la centrale d'Ignalina sous son contrôle voit apparaitre deux centrales hors contrôle : l'une à Kaliningrad et l'autre en Biélorussie.

Mais la réflexion relancée dans un contexte géoéconomique plus complexe a vu une la candidature sérieuse du consortium Hitachi-Général Electric dans un contexte ou les japonais relancent le nucléaire.

La question du gaz

Force est de constater que la Lituanie n'a pas anticiper suffisamment sur cette fermeture et sur l'évolution de ses besoins énergétiques liés à sa croissance économique.

Les centrales thermiques (Elektrenai notamment) et hydraulique (Kaunas) sont insuffisantes la Lituanie est entièrement dépendante du gaz russe ; les énergies renouvelables hors hydraulique demeurent insignifiantes malgré le développement de l'éolien.

Les Etats baltes sont tributaires des importations en gaz et en pétrole et risquent de devenir dépendant de la Russie, sans le nucléaire.

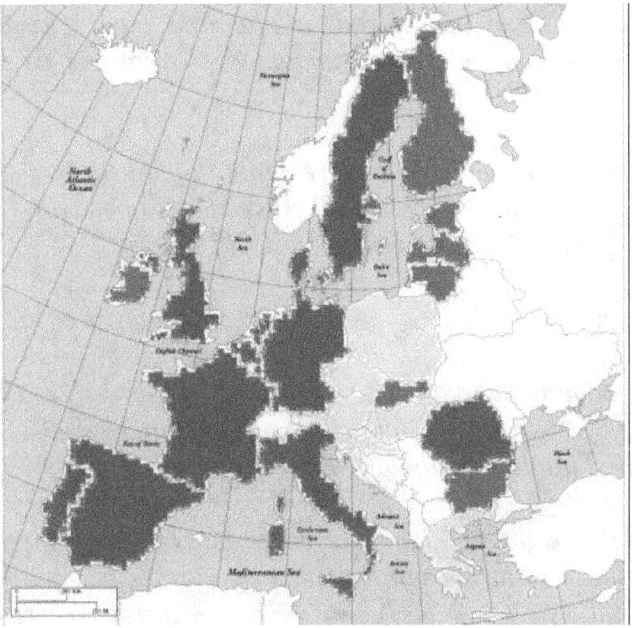

Dependency on single gas supplier:

- < 50 %
- 50-80 %
- 80-100 %

Sources: BP Statistical Review of World Energy, June 2009
Europe's energy portal, 2009

Le 29 novembre 2010, le gouvernement lituanien s'est mis en conformité avec la législation en séparant ses activités de production et de distribution de gaz, stratégie qui montre bien la volonté des autorités lituaniennes de diminuer sa dépendance énergétique. Réaction immédiate de Moscou : une forme de chantage à travers une augmentation unilatérale du prix du gaz. La Lituanie a attaque devant la cour européenne.

« La Commission Européenne a annoncé le 4 septembre 2012 avoir ouvert une enquête formelle contre le géant gazier russe Gazprom qu'elle soupçonne d'entrave à la concurrence et de manipulation des prix dans plusieurs pays d'Europe Centrale et Orientale très dépendant des livraisons de gaz russe. »[317]

« L'ouverture de cette procédure était attendue alors que Gazprom et plusieurs de ses clients en Europe avait fait l'objet de perquisitions en septembre 2011.

Les services de la DG Comp, le gendarme européen de la concurrence estiment que le groupe russe abuse de sa position dominante dans plusieurs pays d'Europe de l'Est (Pologne, Hongrie, Bulgarie, République Tchèque, Slovaquie, Lituanie, Lettonie et Estonie).

Parmi les pratiques dans le viseur de la Commission européenne, il y aurait notamment la présence de « clauses de destination » dans les contrats de Gazprom. « Grosso modo, si le groupe vend en Bulgarie, il interdit que ce gaz soit revendu en Hongrie. Cela permet de pratiquer des conditions de prix différentes selon les pays » explique un bon connaisseur du dossier.

Bruxelles dénonce également les barrières faites à la diversification de l'approvisionnement en gaz avec des clauses obligeant à utiliser les infrastructures de Gazprom

Enfin, dernier soupçon le groupe russe aurait « imposé à ses clients des prix du gaz injustifiés en les liant aux prix du pétrole » " selon la commission. Gazprom a ainsi indexé

---

[317] La Croix du 6 septembre 2012 : « Gaz : Bruxelles ouvre une enquête contre Gazprom pour abus de position dominante. »

l'évolution de ses tarifs à un panel de produits pétroliers et non sur l'évolution de l'offre et de la demande. Si bien que les prix ont augmenté récemment en contradiction avec l'évolution du marché »[318]

Dans ces conditions, les pays concernés souffrent aussi de problèmes énergétiques internes à l'image des réseaux de distribution et de chauffage urbain encore vétustes. Pour se mettre en conformité avec les nouvelles normes environnementales européennes, les villes doivent revoir leurs contrats sur le long terme pour que les investisseurs répondent aux appels d'offres européens et internationaux.

Par ailleurs, la Lituanie travaille sur un projet GNL dans le port de Klaïpeda ce qui lui permettrait d'acheminer du gaz provenant d'autres états producteurs que la Russie. Une coopération avec la Norvège par exemple est envisageable cette dernière étant leader en la matière (gisement de Snohvit).

La Lituanie et la Pologne recèlent du gaz de schistes sur leur territoire. Elles sont en train de l'estimer et de rechercher des partenaires pour l'exploiter. Dans le même ordre d'idées, l'Estonie dispose de réserves de terres rares qui constituent un enjeu stratégique.

Enfin, un centre pour la sécurité énergétique a ouvert ses portes en Lituanie en 2012.

---

[318] Les Echos du 6 septembre 2012 : « Bruxelles enquête sur Gazprom soupçonné d'entrave à la concurrence ».

C- L'Afrique, un acteur de poids ?

Vers un contrôle total des ressources de l'Afrique

Les investissements de Gazprom en Afrique constituent à la fois un vecteur d'influence de Moscou mais aussi un moyen de mise sous contrôle monopolistique des sources d'approvisionnement et d'acheminement du gaz et du pétrole.

Le Transsaharian Gas Pipeline» (TSGP) est une illustration intéressante. En effet, celui-ci doit acheminer sur 4200 km, 20 à 30 milliards de m^3 de gaz naturel par an du Nigeria vers l'Europe à partir de 2015. Un accord a été signé entre l'Algérie (Sonatrach), le Nigeria (NNPC) et le Niger. Les réserves de gaz naturel du Nigeria sont estimées à 180.000 milliards de mètres cubes, soit les septièmes de la planète.

La « course pour les hydrocarbures » en Afrique s'intensifie. Total, Royal Dutch Shell et ENI ont marqué leur intérêt à participer à ce projet. Mais Gazprom souhaite aussi prendre une part significative à la construction du gazoduc transsaharien visant à fournir l'Europe. D'une part, Gazprom et NNPC ont signé le 24 juin 2009 un accord pour la création d'une joint-venture ; ils ont convenu d'investir au moins 2,5 milliards $ afin d'explorer et de développer le secteur pétrolier et gazier dans le pays. D'autre part, Sonatrach souhaite vivement une participation de Gazprom pour accélérer la réalisation du projet et Gazprom confirme son intérêt au motif qu'il cherche à entrer dans les marchés portugais et espagnol et considère que cela ne se fera qu'à partir de l'Afrique.

Le projet, soutenu par l'Union européenne, a pour objectif de réduire la dépendance énergétique du vieux continent vis-à-vis de la Russie. Cherchez l'erreur...

Le retour de la Russie en Afrique

Fin juin 2009, la tournée africaine du président Medvedev était centrée sur l'énergie. Il était accompagné notamment des dirigeants de Rosatom, de Lukoil et de Gazprom. Le tableau ci-après permet de mettre en exergue l'infiltration de Gazprom en Afrique[319].

Pays	**Stratégies opérées**
Algérie	Depuis le 17 juin 2008. Alexandre Medvedev, président de Gazprom a réaffirmé sa volonté de coopération « *Gazprom a une expérience unique dans le monde puisqu'elle est active dans des conditions météorologiques extrêmes que ce soit dans le Nord ou dans le Sud. Sonatrach a une expérience unique dans le domaine du GNL ainsi que dans la production d'hydrocarbures sur son territoire. Si dans le futur on est capables de réunir des forces entre les deux compagnies, on pourra réaliser les projets même les plus complexes*[320] »
Libye	Filiale depuis avril 2008 : opérations de prospection et d'exploitation de gaz et de pétrole, afin de participer au renforcement des capacités d'un gazoduc entre la Libye et l' Italie, premier importateur du pétrole libyen, souhaite s'appuyer sur le groupe russe pour développer ses activités en Libye. Depuis fin 2007, Gazprom travaille aussi sur trois blocs gaziers au sud de la Libye. La filiale de Tripoli du groupe, créée avec la Compagnie nationale libyenne de pétrole (NOC), est rattachée à la représentation d'Alger. La récente guerre n'a constitué qu'une parenthèse.

[319] www.gazprom.ru
[320] Gazprom décline ses plans africains www.bengueshow.com

Namibie	Gazprombank et la compagnie nationale pétrolière de Namcor : contrat de financement pour la construction d'une centrale gazière qui exportera de l'électricité vers l'Afrique du Sud ; Gazprom aura accès à un gisement gazier offshore, situé à 140 km des côtes namibiennes. Fin juin 2009, l'uranium a aussi été au cœur des discussions entre la Russie et la Namibie, cette dernière étant susceptible de devenir rapidement l'un des premiers producteurs mondiaux.
Nigéria	Accord de coopération offrant à Moscou un accès aux réserves nigérianes de gaz, qui figurent parmi les plus importantes du monde. Avec Suntera (propriété du Russe Itera et de l'Indien Sun Energy Resources), Gazprom envisage de construire au Nigeria une centrale électrique à vapeur alimentée au gaz et aussi aider le pays dans la recherche et l'exploitation de l'uranium.
Yémen	Projets de participation à « des projets d'extraction de gaz et de pétrole, de transformation des hydrocarbures et de construction de gazoducs et de réseaux de distribution ».
Angola	Négociations pour le financement de la construction de deux centrales hydroélectriques. Souvenir du bon vieux temps, Dmitri Medvedev a indiqué que *« la coordination de nos actions sur le marché énergétique mondial est importante. Si nous agissons ensemble, nous obtiendrons un grand succès »* au président angolais Jose Eduardo dos Santos. Et l'Angola de signer par exemple le 5 mai 2009 un mémorandum avec la Norvège sur le développement des industries électro intensives...
Golfe de Guinée	Intérêt pour le développement de la filière gaz naturel liquéfié (GNL), en partenariat avec l'Algérie. Avec la Guinée équatoriale, qui dispose de réserves gazières estimées à 40 milliards de m^3, et la société équato-guinéenne de gaz naturel liquéfié (EG/LNG), Gazprom a signé un accord de coopération dans les secteurs du gaz et de l'énergie.

La Russie repart donc à la conquête de l'Afrique qu'elle a quittée au lendemain de la chute de l'Union soviétique dans les années 1990.

L'Afrique est aussi devenue un objectif prioritaire pour la Chine à la fois comme voie d'évacuation et de production mais aussi comme zone de « conquête » des ressources énergétiques. Pékin se positionne comme un concurrent direct de Washington et de Moscou.

La Chine suivrait-elle ici le modèle initié par Vladimir Poutine et son bras armé Gazprom ? Toutefois, l'Inde et la Malaisie investissent davantage en volume que la Chine[321].

La Russie tient néanmoins désormais sous son contrôle, non seulement une grande partie des sources de gaz, mais aussi de pétrole et d'uranium.

Le cas particulier de l'Afrique du Sud

L'Afrique du Sud a fait très tôt dès 1976 le choix du nucléaire avec la construction par Eskom de la centrale de Köberg avec un consortium d'entreprises françaises composé de Spie Batignolles pour le génie civil, d'Alstom pour l'îlot conventionnel et par Framatome (devenu aujourd'hui Areva) pour la partie nucléaire. La tranche 1 a démarré en 1984 et la tranche 2 en 1985. Elle peut fournir 6 % de l'électricité sud-africaine et sa capacité de vie est a minima de 40 ans.

---

[321] JP Rémy, « La Chine, grande rivale des Etats-Unis sur le continent noir », Le Monde, 5 août 2009.

Actuellement et d'ici à 2023, l'Afrique du Sud veut construire six réacteurs nucléaires. EDF souhaite capitaliser sur son partenariat avec Eskom mais le sud-coréen Kepco est aussi sur les rangs.

Avec le nucléaire pour les zones fortement urbanisées et le solaire décentralisé pour les zones rurales (en particulier : le Kwazulu Natal), l'Afrique su Sud a fait clairement le choix des énergies non carbonées.

L'Egypte et la Namibie misent eux aussi sur le nucléaire.

Trois ans après avoir annoncé la relance de son programme nucléaire civil en 2010, Le Caire a confirmé la construction d'une première centrale AREVA est sur les rangs.

La Namibie à un projet de construction de centrale nucléaire à horizon 2018 afin de développer sa puissance nucléaire pour compléter ses ressources énergétiques nationales et fournir l'énergie nécessaire à son développement. Dès 2011 une réglementation et un projet de loi devrait compléter le dispositif complétant le dispositif de stockage des déchets nucléaires en Namibie même.

L'Arabie Saoudite projette un accord de coopération nucléaire civil avec la Russie afin de diversifier ses sources de production de l'électricité.

Ceci étant en juillet 2010, l'Arabie Saoudite avait donné son accord pour un accord de coopération nucléaire avec la France ; en 2008 déjà un accord similaire avait été conclu avec les Etats- Unis.

Dans le même temps en avril 2010, Riad voulait lancer un centre d'études pour les énergies nucléaires et non fossiles.

III- Une énergie conflictuelle ?

La mondialisation a permis le développement d'un « marché noir de l'atome »[322], ainsi que la dissémination du savoir-faire nécessaire à la fabrication de la bombe[323], le tout conjugué aux incertitudes liées au contrôle de quantités de matières fissiles héritées de la dislocation de l'URSS.

Une porte s'est largement entrouverte pour des terroristes mais aussi à des Etats proliférateurs. La « démocratisation » du nucléaire engendre ainsi trois types de problèmes majeurs[324] :

- *« les zones géographiques les plus concernées par la prolifération sont les moins couvertes par les instruments de vérification (TNP, AIEA...) ;*
- *les méthodes de dissimulation sont telles que l'AIEA rencontre de nombreux problèmes pour déceler des infractions sans renseignements préalables ;*
- *aujourd'hui, rien n'interdit à un Etat déclarant développer un programme nucléaire civil de se doter d'installations d'enrichissement ou de retraitement qui pourraient, le moment venu et dans un très bref délai, déboucher sur un programme militaire ».*

Le Traité de Non Prolifération (TNP) a largement démontré ses limites car il n'est plus réellement crédible comme instrument de lutte contre la prolifération nucléaire (ex. :

---

[322] Notamment à la faveur des deux crises pétrolières de 1973 et de 1979 qui ont vus de nombreux Etats se tourner vers cette énergie de substitution, mais aussi à la suite de la chute de l'empire soviétique. www.aiea.int

[323] Notamment le Pakistan, la Russie, etc.

[324] Xavier de Villepin, Sénateur, « Prolifération nucléaire : quelles réponses aux crises ? », Sénat, n°388, Paris, 2003-2004.

retrait de certains pays proliférateurs, non application par d'autres...).

Par ailleurs, la hausse du risque de déstabilisation régionale et l'instabilité géostratégique au XXIe siècle peuvent, à terme, engendrer des dérives, telles que l'escalade incontrôlée, la défaillance des contrôles,...

Enfin, l'établissement de connections entre prolifération et terrorisme est un danger imminent et récurent auquel doit faire face la Communauté internationale. Les bombes sales[325] en seraient alors l'instrument privilégié[326].

De plus, le monde est confronté à l'apparition de réseaux privés qui alimentent la prolifération nucléaire sans faire intervenir des préoccupations de sécurité mais en recherchant avant tout les avantages financiers[327].

Ainsi, les équilibres de marché se déplacent de façon spécifique. Les opérateurs qui ont des positions contraires doivent mettre en œuvre une politique adéquate. Quelques banques centrales, notamment en Asie, au Moyen-Orient et en Russie ont des réserves si importantes qu'elles sont obligées de les placer sur les marchés internationaux avec une grande quantité de capital (ex. : G7, sauf le Japon qui a un rendement extrêmement bas)[328].

---

325 Engin contenant des explosifs conventionnels enrobés de matériaux radioactifs, potentiellement très dangereux en zone urbaine. www.aiea.int

326 Les trafics de césium 137 dans de nombreux pays et notamment en Asie centrale, démontrent l'intérêt grandissant des groupes terroristes pour ces trafics. www.aiea.int

327 Xavier de Villepin, Sénateur, « Prolifération nucléaire : quelles réponses aux crises ? », Sénat, n°388, Paris, 2003-2004.

328 Philippe Chalmin, « Cyclope- Les marchés mondiaux 2009 », Economica, Paris, 2009.

Fondamentalement, ce sont les spéculations des Hedge funds et des traders qui alimentent la bulle des matières premières. Les fonds se replient sur les allocations d'actifs pour se mettre à l'abri[329]. Ainsi, les nouveaux fonds souverains et les investisseurs privés russes aident-ils à stabiliser les marchés financiers mondiaux. Les fonds souverains d'Asie et du Moyen-Orient[330] ont, quant à eux, été un moyen de rattrapage pour les établissements financiers américains ébranlés par la crise des subprimes et risquent, à terme, de s'emparer d'actifs stratégiques.

Les raisons de la spéculation sont variées ; on peut notamment citer[331] :

- *« les Hedges funds et les fonds indiciels des matières premières;*
- *la faiblesse du dollar et de la plupart des monnaies ;*
- *la crise des subprimes ;*
- *la hausse de la demande des réserves naturelles ;*
- *la stagnation de l'économie mondiale ;*
- *la crainte d'inflation ;*
- *les fusions et acquisitions de sociétés ;*
- *la crise des « rehausseurs de crédits » (Ambac, Mbia...) ;*
- *le contexte géopolitique troublé : tensions au Moyen-Orient (un axe allant de l'Irak au Pakistan). »*

L'année 2007 a été décisive pour le traité de non-prolifération permettant l'aboutissement en 2010.

---

[329] Gabriel André, « Suivez de près la corrélation dollar/matières premières », L'Edito des matières premières, 8 avril 2008.
[330] Voir à ce sujet, Adrienne Jablanczy, « Les fonds, fonds éthiques et fonds souverains musulmans dans l'immobilier : phénomène de mode ou tendance lourde ? », Association Immobilier & Perspectives, Chambre de commerce et d'industrie de Paris, Paris, 20 février 2008
[331] Flash Natixis, n°241, juin 2007 et janvier- février 2008.

En effet, les acteurs internationaux s'accordent à considérer qu'il est absolument indispensable de lier les notions de désarmement et de non prolifération, afin de trouver des solutions pragmatiques et acceptables par tous. Ainsi, deux initiatives fondamentales ont-elles été prises[332] :

- « Initiative : « un monde sans arme nucléaire » (Promoteurs : Henry Kissinger, Sam Nunn, Georges Shultz et William Henry) : favoriser un retour au désarmement nucléaire en adoptant des recommandations afin de diminuer les risques de guerre et/ou d'accident nucléaire, tout en poursuivant la ratification du Traité d'Interdiction Complète des Essais nucléaires (TICE) et en diminuant le volume des arsenaux existants et enfin, en contrôlant la diffusion des matières fissiles pour en assurer un usage purement civil ;
- « Initiative française (Promoteur : le Président français Nicolas Sarkozy) : favoriser le désarmement grâce à une diminution d'un tiers de la composante aéroportée des forces nucléaires françaises. Cette initiative française devrait être suivie par une ratification du TICE par les alliés et partenaires mais aussi par la négociation d'un traité d'interdiction des missiles balistiques de portée courte et intermédiaire (de 500 à 5000 km) ».

La puissance économique détermine les capacités militaires et leur hard power mais aussi les capacités d'influence et de soft power.

Dès lors, la situation apparaît comme paradoxale. En effet, la « course expansionniste quantitative » oblige, dans le cas du nucléaire, au qualitatif, qui va de paire avec la domination et

---

[332] S. Lodgard et B. Maerli, « Nuclear proliferation and international security », Routeledge, Londres, 2007 et www.armscontrol.org

le pouvoir, même si la surpopulation limite la situation. Ainsi, il est nécessaire d'innover afin de trouver des solutions appropriées à des besoins spécifiques.

L'Europe pourrait-elle, à terme, parvenir à mettre ses projets en concurrence afin d'améliorer sa gestion énergétique ? A titre d'exemple, l'EPR (France) ne peut répondre à lui seul à tous les besoins en matière nucléaire ; le nucléaire européen se doit de s'établir en créant et en développant des partenariats.

La situation oligopolistique du secteur l'y contraint. Dès lors, les entreprises doivent se lancer dans une compétition basée sur l'innovation[333].

---

[333] Viviane du Castel, « Le nucléaire au XXIe siècle : entre convoitises et craintes ou la démocratisation du nucléaire », Cahiers de Mars, Paris, juin et septembre 2008.

A- Menace ou enjeu de conflit ?

Le nucléaire civil en Inde a débuté dès 1948, avec le « Atomic Energy Act ». New Delhi va alors bénéficier d'une véritable coopération internationale dans la mesure où les Etats-Unis et le Canada vont l'aider à la création du ministère de l'énergie atomique et bénéficier du programme américain « Atoms for peace ».

Ainsi, dès 1963, l'Inde ave l'aide des Etats-Unis et de l'AIEA va mettre en fonctionnement la centrale nucléaire de Tarapur.

Actuellement, 2,7% de l'électricité indienne est d'origine nucléaire, grâce à dix sept centrales nucléaires dont la majorité sont équipées de réacteurs à eau lourde pressurisée (PHWR), de type Candu (Canada).

La coopération nucléaire entre l'Inde et les Etats-Unis est très forte, comme en témoignent par exemple l'accord de coopération avec le groupe de fournisseurs nucléaires (du 6 septembre 2008) ou encore celui avec la Chambre des Représentants du Congrès (septembre 2008) qui prévoit le transfert de technologies et de fournitures par les Etats-Unis à l'Inde de matériel nucléaire et non nucléaire (y compris des réacteurs)[334].

Dans le même ordre d'idées, la France (AREVA) et l'Inde (Nuclear Power Corp. of India Ltd- NPCIL) ont conclu un accord visant la construction de deux réacteurs de 1.650 MW de type EPR[335].

---

334 www.cea.nic.in et « L'Inde au seuil de l'AIEA », RFI, 23 juillet 2008.

335 « Areva place ses réacteurs nucléaires EPR en Inde », La Tribune, 4 février 2009.

L'Inde a, depuis 1962, l'intention de se lancer dans le nucléaire militaire[336]. Toutefois, New Delhi a pour doctrine en matière nucléaire le *« non recours en premier à l'arme nucléaire (...)* » et « *se réserve le droit de l'utiliser en cas d'attaque atomique, chimique ou biologique* »[337].

L'Inde justifie son programme nucléaire militaire par la possession de l'arme atomique par la Chine et le Pakistan.

Dans le même temps, l'Inde reproche aux Etats-Unis de ne pas avoir mis fin à leur partenariat stratégique avec le Pakistan, après le 11 septembre 2001[338].

Le 3 juin 2010, « le dialogue stratégique » entre l'Inde et les Etats-Unis a été mis sur les rails, découlant de l'accord de 2008 où l'Inde et la Communauté internationale favorisaient la participation internationale dans la construction de centrales nucléaires en Inde[339].

Les Etats-Unis, afin de rassurer l'Inde face à la politique américaine au Pakistan et en Chine, ont précisés que « *la force et les progrès de l'Inde sont profondément dans l'intérêt stratégique des Etats-Unis (...) L'Inde pourrait devenir membre permanent du Conseil de sécurité des Nations Unies* »[340].

---

[336] L'Inde disposerait de 30 à 50 têtes nucléaires ainsi que de missiles balistiques Sol-Sol à courte portée. IISS, 2009.
[337] www.obsarmorg
[338] Pascal Boniface, « Comprendre le monde », Armand Colin, Paris, 2010.
[339] Ex. : Ainsi, la Russie construit deux réacteurs et en négocie deux autres. La France négocie deux EPR...
[340] Patrick de Jacquelot, « Le nucléaire civil pèse sur le dialogue indo-américain », La Tribune, 4 juin 2010.

Actuellement, New Delhi voudrait que l'opérateur des centrales soit le seul responsable en cas d'accident ; mais rien n'est prêt en ce sens[341].

Le Pakistan possède un nucléaire civil qui repose sur deux centrales nucléaires[342] :

- *« Chasnupp (Chasma Nuclear Power Plant), depuis 1970, en coopération avec la France (Saint-Gobain) au départ, mais Paris a abandonné en raison du refus d'Islamabad de signer le TNP. Ce projet a été repris en 1991, par la Chine. Il s'agit de réacteurs à eau pressurisée (REP), d'une capacité de 310 MWe pour Chasnupp 1 (2000) et de 325 MWE pour Chasnupp 2 (2011). A l'avenir, les deux prochains réacteurs (Chasnupp 3 et 4) devraient avoir une puissance de 600 MWe (2030)[343] ;*
- *Kanupp (Karachi Nuclear Power Plant) est un réacteur à eau lourde pressurisée PHWR de type Candu (Canada) avec une capacité de 137 MW. Il fonctionna de 1972 à 2002 ; en raison de sa non-conformité aux règles internationales de sûreté nucléaire, il a été cependant autorisé à fonctionner au ralenti, avec une puissance de seulement 50 MWe[344]. »*

L'Inde et le Pakistan n'ont pas signé le TNP mais ont conclu, avec l'AIEA, des accords limités ne permettant que des contrôles restreints.

---

[341] La Tribune, 24 mars 2010.

[342] www.fas.org/nukel/guide/pakistan/facility/chahshma.htm et [342] www.paec.gov.pak/kanupp/

[343] www.fas.org/nukel/guide/pakistan/facility/chahshma.htm

[344] www.paec.gov.pak/kanupp/

La maîtrise du Cachemire est un enjeu majeur pour l'Inde comme pour le Pakistan, deux pays détenteurs de l'arme nucléaire. Les problèmes géopolitiques sont bien évidemment fortement présents dans tous ces projets indiens[345] via le Pakistan, dans la mesure où ils sous-tendent la question du Cachemire.

L'Inde veut contourner le Pakistan qui ferme la voie terrestre aux flux d'hydrocarbures en provenance du Moyen-Orient[346]. Or, le pétrole et le gaz du Moyen-Orient représentent 20% de la demande de la consommation indienne totale d'énergie. Les prévisionnistes considèrent que ce chiffre montera à 30% voire davantage dans les prochaines années.

En fait, la coopération entre l'Inde et le Pakistan favorisa un accord intergouvernemental indo-pakistanais sur la construction d'un gazoduc entre les deux pays dont l'achèvement était prévu pour fin 2010. Les deux pays y trouvent leur avantage[347] : le Pakistan peut importer 10 millions de m^3 de gaz par jour depuis 2010 et 60 millions dès 2015 ; l'Inde peut importer 60 millions de m^3 par jour et 90 millions dès 2013.

Toutefois, fondamentalement, le Pakistan a recherché l'équilibre nucléaire avec l'Inde en optant pour un nucléaire militaire dès 1957 (commission à l'énergie atomique) ; le nucléaire civil (fournit par la Chine) ne représentant que 2,4% de l'électricité nationale.

---

345 Notamment pour le développement de ses approvisionnements en gaz et en pétrole. C'est dans ce cadre que fut vitupéré par les Etats-Unis, à la mi-mars 2005, le projet TAP (trans-Afghan-Pipeline).

346 Réunion des ministres indien et pakistanais du pétrole, les 12-13 juillet 2005 à New Delhi, Inde.

347 Mariam Abou Zahab, « Pakistan : entre implosion et éclatement ? », Politique étrangère n°2-2006.

L'Inde s'est lancée, en 2004, dans une politique de dialogue institutionnel avec le Pakistan, avec le soutien discret de la Communauté internationale qui entend jouer un rôle de « facilitateur » et non de négociateur. Ainsi, des hypothèses pour l'avenir peuvent-elles être envisagées[348] :

- *« échec de la politique de dialogue avec le Pakistan, à la suite d'un incident grave, toujours possible ;*
- *résolution du conflit du Cachemire, ce qui présuppose une acceptation par le Pakistan de la ligne de contrôle, peu probable dans les conditions actuelles ;*
- *laisser le temps agir et apaiser les tensions ».*

Les relations entre l'Inde et le Pakistan, toutes deux puissances nucléaires, vont en s'améliorant, au moins pour un temps. Toutefois, le Pakistan reste un pays rival de l'Inde qui représente potentiellement des risques[349] : soutien du terrorisme au Cachemire ; tensions internes ; livraison de centrifugeuses à la Corée du Nord et de l'uranium enrichi à l'Iran. A la suite des attentats du 11 septembre 2001, l'Inde et le Pakistan ont déployé massivement leurs troupes sur la frontière entre les deux pays. Toute la communauté internationale a redouté une montée aux extrêmes[350].

En 2003, un cessez-le-feu a été décidé au Cachemire mais, fondamentalement, l'Inde ne concède que l'autonomie, peu appliquée, prévue dans la constitution, alors que le Pakistan est favorable à un Cachemire démilitarisé et réunifié dans une structure confédérale[351].

---

[348] Laurent Gayen, « Mondes rebelles- Asie du Sud », Michalon, Paris, 2009.

[349] E. Charin, « L'Inde à l'assaut du monde », Hachette Pluriel, Paris, 2009.

[350] E. Charin, « L'Inde à l'assaut du monde », Hachette Pluriel, Paris, 2009.

[351] Laurent Gayen, « Mondes rebelles- Asie du Sud », Michalon, Paris, 2009.

L'Inde a basé l'essentiel de sa stratégie sur deux axes essentiels qui sont autant de défis à relever[352] :

- *« contrebalancer l'influence des Etats-Unis, premier client du monde ;*
- *éviter une guerre des prix entre les pays voisins d'Asie : Chine, Japon, Corée du Sud. »*

New Delhi développe une politique de fin de tensions avec ses voisins : Chine et Pakistan notamment, en construisant un véritable partenariat stratégique dont le but vise, dans ses relations avec la Chine, à l'échange de projets d'acquisition d'actifs énergétiques afin de proposer des offres jointes ; et dans ses relations avec le Pakistan, à apaiser le conflit frontalier. En effet, l'Inde n'a de visées ni impérialistes, ni expansionnistes ni même d'affirmation de son pouvoir dans la région asiatique[353].

De son côté, le Pakistan a développé des relations avec les Etats-Unis, afin d'éliminer les bases arrières d'Al Qaida situées dans les zones tribales d'une part, et dans le Nord-Ouest d'autre part, grâce à des opérations militaires stratégiques conjointes, la création de meilleures infrastructures, favorisant la sécurité des armes et des matières nucléaires et bactériologiques et en endiguant la course aux armements[354].

---

[352] E. Charin, « L'Inde à l'assaut du monde », Hachette Pluriel, Paris, 2009.

[353] E. Charin, « L'Inde à l'assaut du monde », Hachette Pluriel, Paris, 2009.

[354] Christophe Jaffrelot, « Le Pakistan- Entre pouvoir militaire, islamisme et démocratie », De vive voix, Paris 2008 et Pauline Garaude, « Faut-il avoir peur du Pakistan ? », Larousse, Paris, 2008.

Ainsi, les Etats-Unis ont bien compris la place majeure et le rôle central de l'Inde, comme en témoigne la signature du « pacte nucléaire » entre l'Inde et les Etats-Unis, le 18 juillet 2005, grâce auquel l'Inde peut acquérir les technologies américaines pour son programme nucléaire civil sans pour autant renoncer à ses armes nucléaires.

Les Etats-Unis et l'Inde ont signé, le 29 mars 2010, un « accord sur le retraitement des déchets nucléaires »[355], notamment :

- *« l'Inde pourra procéder au retraitement après usage de combustible fourni par les Etats-Unis ;*
- *les Etats-Unis pourront vendre à l'Inde des réacteurs nucléaires, du combustible à usage civil et des transferts de technologie ;*
- *l'Inde devra ouvrir quelques unes des ses installations nucléaires aux inspections de l'ONU (...) ».*

L'Inde devra ainsi, partiellement au moins, adhérer au TNP et accepter l'inspection de quatorze sites nucléaires civils, même si les huit autres ne seront pas soumis à inspection.

New Delhi entend se lancer dans un « développement exponentiel » de son industrie nucléaire[356]. Ainsi, l'Inde est-elle devenue un véritable partenaire stratégique des Etats-Unis en Asie. Selon certains observateurs internationaux, la reconnaissance de facto de l'Inde comme puissance nucléaire est la clef pour que New Delhi devienne membre permanent du Conseil de sécurité des Nations Unies[357].

---

355 www.state.gov/r/pa/prs/dpb/2010/03/139201.htm

356 New York Times, 12 avril 2010.

357 New York Times, 12 avril 2010 et Bernard Schneider, « L'Inde, l'avènement d'une grande puissance », éditions d'organisation, Paris, 2006.

L'Inde et le Pakistan n'ont de cesse d'accroître leurs arsenaux nucléaires respectifs, aggravant davantage encore l'instabilité régionale[358]. Au fur et à mesure que l'Inde et le Pakistan accroissent leurs arsenaux sans rencontrer de problèmes, la stabilité nucléaire régionale est de plus en plus fragilisée. L'exemple le plus probant est celui du terrorisme d'Etat au Cachemire qui bloque tout dialogue.

L'avenir ne dépend-il pas d'un traité de non prolifération spécifique à l'Inde, le Pakistan et la Chine ?[359] La solution aux conflits régionaux passe-t-elle par la maîtrise du nucléaire ?

---

[358] « No back channel talks with Pak, says India », The Times of India, 28 septembre 2009.

[359] Michael Hancok, « Les développements en cours en matière de non prolifération et de désarmement nucléaire », Assemblée européenne de sécurité et de défense, Assemblée de l'Union de l'Europe Occidentale, Doc 2/2052, 4 novembre 2009.

…ent de réconciliation ou le nucléaire, quel qu'en soit le prix ?

La crise nucléaire de la Corée du Nord, débute en 1989, avec la diffusion de photos satellite montrant le centre nucléaire de Yongbyon, même si, en fait, c'est en 1979, que la Corée du Nord procède à la construction de son premier réacteur nucléaire à Yongbyon.

Les premiers tirs balistiques à longue portée au-dessus du Japon ont eu lieu en 1988. La Corée du Nord s'est dotée d'un programme nucléaire secret dès 1991-1992.

Le docteur Abdul Qadeer Khan proposa à la Corée du Nord une association du Pakistan au programme d'enrichissement de l'uranium. En effet, la bombe nucléaire est une « assurance-vie du régime »[360].

En 1993, les inspections de l'AIEA sont interrompues et la Corée du Nord impose de fait l'interdiction des visites des bases secrètes et menace de quitter le TNP (que la Corée du Nord avait signé en 1985).

Toutefois, en 1994, un accord avec les Etats-Unis est signé, prévoyant l'engagement de la Corée du Nord à geler son programme nucléaire militaire en échange de réacteurs civils à eau légère (qui n'aboutira pas) et de la fourniture de pétrole.

---

[360] Bruno Tertrais, « Le marché noir de la bombe- Enquête sur la prolifération nucléaire », Buchet Chastel, Paris, 2009.

Mais, dès 1998, la Corée du Nord procède à un essai de missile à longue portée qui survole le Japon[361]. Finalement, un moratoire nord-coréen est trouvé en 1998 et les Etats-Unis allègent alors les sanctions.

En janvier 2002, les Etats-Unis classent la Corée du Nord dans les pays de « l'axe du mal »[362] et depuis, ce pays redoute une intervention militaire des Etats-Unis.

En octobre 2002, l'émissaire américain James Kelly, en Corée du Nord, déclare que le régime nord-coréen reconnaît l'existence d'un programme d'enrichissement d'uranium et, immédiatement, Washington déclare caduc l'accord de 1994.

Quelques mois plus tard, les Etats-Unis, le Japon et l'Union européenne suspendent leurs livraisons de pétrole. La Corée du Nord réagit en annonçant, (décembre 2002) la reprise de son programme nucléaire, puis [363]dans la foulée, (janvier 2003) son retrait du TNP[364].

L'ONU se réunit, en avril 2003 et les Etats-Unis cherchent à y faire condamner la Corée du Nord. Au mois d'août 2003, s'engage la première session de pourparlers à six sur le nucléaire nord coréen. La Chine et la Russie s'y opposent et aucune mesure ne sera prise alors.

---

361 Missile Taepodong 1.

362 Les pays de l'axe du mal sont ceux qui soutiennent le terrorisme et possèdent des armes de destruction massives ou qui peuvent s'en procurer et/ou ayant tendance à violer les traités de non prolifération et de désarmement qu'ils avaient signés : Irak, Iran et Corée du Nord. Condoleeza Rice, « Opening Statement by Dr. Condeleeza Rice- Senate Foreign Relations Committee », 18 juin 2005, US Senate Foreign relations Committee.

363 Ministère japonais de la Défense, 10 juillet 2007.

364 Perry Carter, « If necessary, strike and destroy », The Washington Post, 2 juin 2006.

En février 2004, le père de la bombe pakistanaise, Abdul Qadeer Khan, reconnaît avoir fourni à la Corée du Nord des transferts de technologie nucléaire.

Un an plus tard, en février 2005, la Corée du Nord annonce la suspension pour une période indéfinie de sa participation aux négociations multilatérales. Le 19 septembre 2005, à l'issue d'une quatrième série de négociation, la Corée du Nord s'engage à abandonner son armement nucléaire en échange de la possibilité d'utiliser l'énergie nucléaire à des fins civiles. Elle s'engage également à rejoindre le TNP. Mais, dès le 20 septembre 2005, elle pose de nouveau comme condition préalable au démantèlement de son programme la livraison des réacteurs à eau légère.

A la suite des essais ratés d'un missile Taepodong-2, le 5 juillet 2006, le Conseil de sécurité des Nations Unies adopte une résolution comportant des mesures « contraignantes » pour la Corée du Nord, et exige la suspension des activités liées au programme de missiles balistiques.

La Corée du Nord se lance dans trois programmes de dissuasion[365] :

- *« le développement du nucléaire militaire qui vise l'acquisition à terme de l'arme nucléaire ;*
- *l'acquisition d'une autosuffisance énergétique avec le nucléaire civil ;*
- *le développement de missiles balistiques qui le cas échéant serviraient de vecteurs à la bombe nucléaire ».*

---

[365] Xavier Manière, « Les conséquences géopolitiques de l'émergence de puissances nucléaires militaires en marge de la communauté internationale », 22 novembre 2006.

La Corée du Nord se radicalise et montre à l'Occident que ce pays veut avoir un rôle stratégique régional important.

En effet, le 5 juillet 2006, la Corée du Nord procéda à sept tirs de missiles balistiques qui s'abîment en mer du Japon. Tokyo saisit immédiatement le Conseil de sécurité de l'ONU.

Le 9 octobre 2006, la Corée du Nord va procéder au premier essai nucléaire souterrain de puissance très limitée (annoncé le 3 octobre 2006) dans le but de renforcer l'autodéfense de la Corée du Nord face aux Etats-Unis. Ce pays qui s'est retiré du TNP cherche à détenir et à développer l'énergie nucléaire.

Le nouveau missile baptisé Taepodong a une portée de 600 km et pourrait viser la Corée du sud, le Japon ou encore l'Alaska. Dès le 14 octobre 2006, le Conseil de sécurité de l'ONU décrète un embargo sur les armes, les matériels liés à la technologie nucléaire ou à celle des missiles, ainsi que sur les produits de luxe à destination de la Corée du Nord.

Le 31 octobre 2006, la Corée du Nord accepte de reprendre les « discussions de paix ». Dans cette même prospective, le ministère japonais de la Défense a, en juillet 2007, préconisé dans un « livre blanc » qu'il convenait *« d'achever le plus vite possible la mise en place d'un bouclier antimissile capable de protéger l'archipel des missiles nord-coréens de plus en plus sophistiqué , y compris à longue portée ».* Le but recherché par cet essai nucléaire était quadruple[366] :

- *« contribuer à délivrer la Corée du Nord de son encerclement ;*
- *augmenter la dissuasion américaine ;*

[366] Le Monde, 10 décembre 2006.

- *participer à l'entretien et à la garantie de la paix et de la sécurité dans la péninsule mais aussi dans la région ;*
- *permettre à la Corée du Nord de négocier avec les Etats-Unis la signature d'un traité bilatéral de non-agression ».*

Cette situation met en relief l'échec de la politique de dissuasion découlant du TNP[367] :

- *« en 1994, les Etats-Unis négocient un accord global avec la Corée du Nord*[368] *afin qu'elle renonce à produire le plutonium miliaire. La menace du Président G. W. Bush radicalise le régime nord-coréen. Si la Chine et la Russie soutiennent la décision de Pyongyang s'est surtout pour une raison négative : leur opposition à toute intervention américaine à leurs frontières ;*
- *le TNP n'a pas su maintenir le monopole des cinq Grands (France, Chine, Russie, Etats-Unis, Royaume-Uni), comme en témoigne, avant même la Corée du Nord, l'acquisition du nucléaire par Israël*[369]*, le Pakistan et l'Inde ;*
- *la situation d'insécurité permanente dans laquelle le monde évolue en raison de la « guerre permanente au terrorisme » déclarée par les Etats-Unis, déstabilise de nombreux équilibres et amène certains Etats à se radicaliser ».*

---

[367] www.crisisgroup.org

[368] Impliquant notamment la construction de centrales nucléaires à eau légère.

[369] Officieusement en tous cas, en dépit toujours des déclarations du Président Ehoud Olmert, le 13 décembre 2006 : « Israël ne sera pas le premier pays à introduire les armes nucléaires au Proche-Orient », et ne confirment ni n'infirment la possession du nucléaire par Israël. Les experts internationaux considèrent que l'Etat d'Israël détiendrait plus de 100 bombes atomiques. www.crisisgroup.org

La radicalisation de la Corée du Nord la positionne de telle façon que ce pays se trouve dans l'obligation de vendre ses réserves d'or sur le marché international pour récupérer des devises étrangères dont elle manque, en raison des sanctions financières qui la frappent. En effet, les Etats-Unis ont obtenu le gel des comptes nord-coréens dans la Banco Delta Asia (BPA), dont le siège se situe à Macao, après avoir accusé Pyongyang d'avoir blanchi des faux dollars en les faisant transiter par cet établissement. D'autres banques asiatiques avaient ensuite gelé d'autres comptes détenus par des responsables nord-coréens.

La levée des sanctions financières est posée comme préalable par Pyongyang dans les pourparlers sur le nucléaire nord-coréen qui s'achèvent sur un échec le 22 décembre 2006[370].

Cet échec est lourd de conséquences en terme géostratégique[371] :

- *« isolement diplomatique affaiblissant un pays déjà exsangue ;*
- *perte de crédibilité de la puissance américaine ;*
- *demande américaine de plus larges sanctions contre la Corée du Nord et une augmentation de la pression politique pour la reprise des négociations multilatérales ;*
- *méfiance de la Chine envers son allié nord-coréen et adoption d'une politique de sanctions ;*
- *retour en arrière dans les négociations intercoréennes ;*
- *le Japon s'impose fermement sur la scène internationale pour défendre ses intérêts en matière de sécurité nationale ».*

---

[370] Yomiuri (quotidien japonais), le 26 décembre 2006.

[371] Ralph Cossa, « DPRK missile launches : multiple tests, multiple failures », 6 juillet 2006, Pacific forum CSIS.

La Corée du Nord a vendu des missiles à l'Iran. Les deux pays entretiennent une étroite coopération dans le domaine des missiles. Le Pakistan a bénéficié de la technologie balistique de la Corée du Nord et en échange a exporté sa technologie nucléaire en Iran[372].

Les Etats-Unis et la Corée du Nord ont signé un accord prévoyant la livraison de deux réacteurs PWR de 1.000 mégawatts alors que les revendications principales de l'Iran étaient l'achèvement de la centrale de Bouchehr (avec l'aide de la Fédération de Russie). Les Etats-Unis ont donc montré une « politique à deux vitesses » aux cas de prolifération[373].

La Corée du Nord est en fait beaucoup plus avancée dans le développement de la bombe atomique que ne l'est l'Iran. En effet, Pyongyang a développé la filière du plutonium alors que Téhéran a recouru à la filière de l'uranium enrichi. Toutefois, la volonté de l'un comme de l'autre de défier l'Occident est aussi forte et le recours à l'arme nucléaire leur apparaît comme le meilleur moyen d'affirmer leur légitimité extérieure et intérieure[374].

La Corée du Nord en procédant à son premier essai nucléaire, en juillet 2006 fait craindre une diffusion des technologies nord-coréennes vers l'ensemble du Moyen-Orient.

---

[372] Xavier Manière, « Les conséquences géopolitiques de l'émergence de puissances nucléaires militaires en marge de la communauté internationale », 22 novembre 2006.

[373] Thérèse Delpech, « 1995 : Le programme nucléaire militaire iranien, mythe ou réalité ? », Cahiers du CAP n°3, Paris, automne 2006.

[374] Xavier Manière, « Les conséquences géopolitiques de l'émergence de puissances nucléaires militaires en marge de la Communauté internationale », 22 novembre 2006.

Plus récemment, il s'est agit de la même approche mais avec la Birmanie, cette fois[375]. En 2010, cette coopération entre la junte birmane et la Corée du Nord s'est accrue et a concerné une usine d'extraction d'uranium mais aussi un programme militaire nucléaire et à terme, un transfert de technologie nucléaire favorisant, le cas échéant, l'accession à la bombe d'ici 2015, en violation de la résolution 1874 du Conseil de sécurité des Nations Unies[376].

Ce pays, toujours victime d'une famine orchestrée par le régime, pourrait tourner sa radicalisation par une politique de fuite en avant et de chantage nucléaire pour tenter de sauver un régime en faillite[377] :

- *« exiger le départ des troupes américaines situées sur la frontière entre les deux Corées et une réunification sous son leadership ;*
- *« racketter » les Etats voisins, en commençant par le Japon, par le paiement de compensations pour la période d'occupation ;*
- *ou, en cas de refus, faire subir des représailles nucléaires ».*

Le « chantage nucléaire » est une arme que la Corée du Nord envisage d'utiliser et cela pourrait, par voie de conséquence, entraîner de nombreux revirements géostratégiques, tels que la nucléarisation rapide du Japon ou la diffusion des technologies nord-coréennes vers les pays du Moyen-Orient.

---

[375] Bennet Ramberg, « Living with nuclear North Korea », Survival, volume 51, n°4, août 2009.

[376] J. D. Pollack, « North Korea's Nuclear Weapons Development. Implications for future policy », Proliferation Papers n°33, IFRI, Paris, printemps2010.

[377] Lee Kwang-hu, « Rupture of inter-Korean ministerial talks », Vantage Point, vol.19, n°8, août 2006 et www.aiea.int

Dés lors, la Corée du Nord est dans une position qui pourrait l'amener à se radicaliser davantage en ayant recours, le cas échéant à d'autres moyens[378], au risque d'exploser et de faire imploser les équilibres géostratégiques régionaux[379].

Toutefois, le 13 février 2007, au terme d'une nouvelle session de négociations multilatérales à Pékin, la Corée du Nord a trouvé un accord en cinq points [380] :

- *« fermeture de la centrale nucléaire de Yongbyon et accueil à nouveau des inspecteurs de l'AIEA ;*
- *discussions avec les autres pays impliqués dans les pourparlers d'une liste portant sur tous ses programmes nucléaires ;*
- *les Etats-Unis et la Corée du Nord vont débuter des discussions en vue d'établir des relations diplomatiques ; Washington retirant la Corée du Nord de la liste des Etats soutenant le terrorisme et levant les sanctions commerciales ;*
- *la Corée du Nord et le Japon débuteront des relations bilatérales afin de normaliser leurs relations ;*
- *la Corée du Nord recevra une aide énergétique d'urgence équivalente à 50.000 tonnes de pétrole dans les 60 jours et de 950.000 tonnes dés la désactivation complète de toutes les installations nucléaires ;*
- *création de cinq groupes de travail afin de superviser le processus »*[381].

---

[378] Chimiques, trafics illicites, actions terroristes,…
[379] Lee Kwang-Hu, « Rupture of inter-Korean ministerial talks », Vantage Point, vol.19, n°8, août 2006.
[380] www.aiea.int
[381] AIEA, juillet 2007.

L'accord intercoréen du 4 octobre 2007, entre les deux Corée et les engagements de la Corée du Nord de désactiver d'ici la fin 2007, sa centrale nucléaire et de révéler ses programmes atomiques a été un véritable succès diplomatique : la Corée du Nord peut dès lors espérer sortir de l'axe du mal et redresser son économie exsangue ; la Corée du Sud[382] pourra ainsi exploiter les potentialités du Nord et écarter les visées chinoises sur la Corée du Nord[383].

En 2008, les négociations sur la vérification du démantèlement de la centrale nucléaire ont aboutis à un échec dans la mesure où la centrale de Yongbyon a repris ses activités.

Dès le 5 avril 2009, la Corée du Nord va procéder à un essai de fusée balistique à longue portée pouvant lancer un satellite. Le Conseil de sécurité des Nations Unies, le 13 avril 2009, a condamné ce tir, mais le gouvernement nord-coréen, le 25 avril 2009, a procédé à son deuxième essai nucléaire ainsi qu'à un tir de missile à courte portée (130 km). Il s'agit là d'une nouvelle étape dans la stratégie de tension depuis son tir de fusée lanceur de satellite ou missile expérimental du 5 avril 2009. Dans ce même ordre d'idées, la Corée du Nord a construit un réacteur nucléaire à eau légère[384].

---

[382] Les compagnies nationales de production d'électricité turque, EUAS et sud coréenne, Korean Electric Power Corp (KEPCO), ont signées, le 10 mars 2010, un accord visant la construction d'une centrale nucléaire en Turquie. Plus globalement, la Turquie prévoit la construction de trois centrales nucléaires d'ici 2015.

[383] Philippe Pons, « Les deux Corées sur la voie de la paix ? », Le Monde.fr, 18 octobre 2007 et Pascal Boniface, « Des éclaircies en 2007 mais aussi de gros nuages », Challenges, 3 janvier 2008.

[384] J. D. Pollack, « North Korea's Nuclear Weapons Development. Implications for future policy », Proliferation Papers n°33, IFRI, Paris, printemps2010.

La Corée du Nord semble vouloir s'engager sur la voie de la radicalisation, toujours plus forte, comme en témoigne son affirmation que les discussions sur son programme nucléaire étaient rompues sine die, tant que les Nations Unies ne lèveraient pas les sanctions à son égard d'une part ; et d'autre part, tant que les Etats-Unis n'acceptent pas de discuter d'un traité de paix formel.

Toutefois et dans le même temps, il apparaît que cette position est limité en raison de « l'arbitrage » de la Chine. En effet, Pékin est considéré comme le levier essentiel afin que Pyongyang revienne à de meilleurs sentiments, en lui faisant partager son expérience de « réforme et d'ouverture »[385].

La possession d'un outil nucléaire est un moyen de chantage et de protection du régime. La Corée du Nord, depuis mai 2009, s'est lancée dans une stratégie plus offensive amenant de vives réactions de la Communauté internationale[386]. L'attaque contre la corvette anti-sous-marine sud-coréenne, Cheonan, radicalisa les relations. Pyongyang visait alors un double objectif : déstabiliser le Président Sud-Coréen et affirmer sa puissance en interne[387]. Cette situation apparait comme un moyen d'imposer l'équipe de Kim Jung Un qui succédera, en 2012[388], à son père, Kim Jong Il[389].

---

[385] Philippe Pons, « Affaiblie, la Corée du Nord se tourne vers la Chine », Le Monde, 4 mai 2010.

[386] Yvon Young-Kwan, « Le joueur Nord-Coréen », Le Figaro, 22 mai 2010.

[387] Philippe Pons, « Sanctions accrues conte la Corée du Nord », Le Monde, 25 mai 2010 et Arnaud de La Grange, « Le théâtre d'ombres de la Corée du Nord », Le Figaro, 26 mai 2010.

[388] 2012 est une année symbolique en Corée du Nord puisqu'elle est celle de la naissance de Kim Il Sung.

[389] « L'écheveau coréen se complique », TTU n°761, 2 juin 2010.

La Chine joue un double jeu, dissociant ses relations avec la Corée du Nord de ses intérêts stratégiques internationaux[390].

Cette attaque maritime est perçue par les Etats-Unis comme un moyen privilégié pour Pyongyang de « torpiller le projet américain de céder l'OPCON (le contrôle opérationnel des opérations militaires) aux sud-coréens, en avril 2012[391]. »

De leur côté, les Etats-Unis en réaction, maintiennent 28.000 soldats en Corée du Sud[392] et ont, en juin 2010, procédé à des manœuvres navales (dont des exercices sous-marins), avec la Corée du Sud.

La succession politique en Corée du Nord se passe sans changement…

La Corée du Nord dans ses relations avec la Russie (construction d'un oléoduc stratégique en 2012), maintient un équilibre de « guerre froide » tant avec la Chine qu'avec les Etats-Unis ou encore l'Union européenne, le Japon et la Corée du Sud.

---

[390] Philippe Pons, « Pyongyang mise sur Pékin pour éviter des sanctions après le naufrage du « Cheonan », Le Monde, 22 mai 2010 et Sébastien Falletti, « Pékin prend ses distances avec la Corée du Nord », Le Figaro, 31 mai 2010.

[391] « Dans la péninsule coréenne », TTU n°758, 12 mai 2010.

[392] Philippe Mesmer, « A qui profitent les Kim », L'Express, 2 juin 2010.

C- Face au terrorisme et à la prolifération nucléaire, quelles solutions ?

Dans le monde actuel, de nombreux pays connaissent la menace terroriste conventionnelle. Pour autant, demain, deviendra-t-elle nucléaire ? En effet, la logique de dissuasion amène certains pays à vouloir se doter du nucléaire non plus civil mais militaire. C'est dans ce cadre que s'est tenu le « sommet sur la sécurité nucléaire », à Washington, les 12 et 13 avril 2010, réunissant quarante sept pays[393].

Le Président américain Barack Obama a alors considéré que *« le danger le plus immédiat, et extrême, est aujourd'hui le terrorisme nucléaire (...) ainsi que la prolifération nucléaire »*[394]. Le but essentiel de ce sommet visait à établir des règles en matière de sécurisation des matériaux nucléaires et de lutte contre la contrebande, tout en limitant les possibilités d'ambiguïtés dans les relations de certains pays avec des organisations terroristes[395]. C'est dans ce contexte que le Président américain s'est déclaré favorable à un monde dépourvu d'armes nucléaires[396].

---

[393] Participants au Sommet sur la sécurité nucléaire (12-13 avril 2010) : Etats-Unis, Mexique, Canada, Brésil, Chili, Argentine, France, Royaume-Uni, Pays-Bas, Belgique, Allemagne, République tchèque, Italie, Pologne, Suisse, Espagne, Ukraine, Suède, Norvège, Finlande, Géorgie, Arménie, Kazakhstan, Russie, Corée du Nord, Corée du Sud, Japon, Chine, Pakistan, Inde, Vietnam, Philippines, Malaisie, Indonésie, Singapour, Thaïlande, Australie, Nouvelle-Zélande, Algérie, Afrique du sud, Iran, Jordanie, Emirats Arabes Unis, Arabie saoudite, Turquie, Israël, Egypte, Maroc, Nigéria et en plus, l'ONU, l'AIEA et l'Union européenne. www.america.gov

[394] www.america.gov

[395] Ex. : les relations existantes entre le Pakistan et Al Qaida.

[396] www.america.gov

En effet, l'extension des capacités d'armement nucléaire à de nouveaux Etats accroît le risque de prolifération et met sur le devant de la scène internationale les problématiques liées à la sécurité nucléaire dans sa globalité[397] qui pourraient, entre certaines mains, devenir une arme, comme par exemple les « bombes sales[398]. Une très faible quantité de plutonium est nécessaire et est donc relativement facile à se procurer. Les Etats-Unis considèrent que des groupes terroristes cherchent activement à s'en procurer[399]. Selon les experts internationaux, seul Al Qaida, actuellement, en aurait les moyens… En effet, le terrorisme nucléaire nécessite de pouvoir accéder à un programme nucléaire d'Etat. La majorité des Etats nucléaires ont eu recours au plutonium et l'essentiel des arsenaux nucléaires occidentaux et russes possèdent des armes au plutonium[400].

Le terrorisme nucléaire correspond en réalité à un besoin d'affirmation politique et de conquête de pouvoir. Dans les années 1990, de nombreux trafics de matière radioactive avait pour provenance la Russie et étaient issus de l'arsenal de l'ancienne armée soviétique, au point que les experts les qualifia de « mafia nucléaire » ; ils alimentaient de nombreux conflits.

Depuis cette période, l'organisation internationale « STAR » s'est développée en se spécialisant dans le trafic de plutonium et d'uranium.

---

[397] Ex. : Risques face à des stocks insuffisamment contrôlés…

[398] Ex.: plutonium, déchets nucléaires…

[399] A titre d'exemple, il convient de citer Leonid Smirnov qui était, dans les années 1990, contremaître à l'Institut de Recherches Chimiques de Podolisk (Russie). Il avait alors recueilli 1.538 grammes d'uranium enrichi avant son arrestation. www.pbs.org

[400] Henri Métivier, « Plutonium- Mythes et réalités », EDP Sciences, Paris, 2010.

La géopolitique des mafias nucléaires laisse apparaître des alliances pouvant concerner des partenariats entre des mafias et des pays islamistes. Certains groupes mafieux considèrent, qu'au nom d'objectifs financiers, ils peuvent avoir recours à des moyens politiques (revendications politiques) pour financer leurs actions illégales, notamment le terrorisme[401].

Le terrorisme nucléaire est un vecteur pour amener à un comportement spécifique qui se modernise en permanence, afin d'accroître son efficacité, grâce à des financements occultes (blanchiment d'argent, trafics...) voire par le financement d'Etat[402]. Ainsi, cette nouvelle donne géopolitique amène les dirigeants dans le monde à considérer le terrorisme comme une menace majeure.

Ainsi, le Président Barack Obama, en avril 2010, précisa qu'il était « *impératif de travailler à la sécurisation d'ici quatre ans (2010-2014), de tous les matériaux nucléaires dans le monde* »[403]. De son côté, le président français, Nicolas Sarkozy, propose la création d'un « *tribunal pénal international chargé de poursuivre les dirigeants de pays qui auraient fourni volontairement de la technologie nucléaire à des groupes terroristes* »[404].

---

[401] Ainsi, à la suite des attentats du 11 septembre 2001, de nombreux pétrodollars ont fortement circulé à travers de nombreuses organisations écrans (sociétés écrans, œuvres de charité...), puis, à la suite du gel de ces actifs financiers par les Etats-Unis, ceux-ci se sont tourné vers l'Europe ou l'Asie, voire le Moyen-Orient. Pascal Boniface, « Comprendre le monde », Armand Colin, Paris, 2010.

[402] Pascal Boniface, « Comprendre le monde », Armand Colin, Paris, 2010.

[403] www.whitehouse.gov

[404] www.elysee.fr

Plus globalement, la menace potentielle dont le risque d'occurrence s'accroît est davantage le terrorisme que la prolifération.

Cette menace peut, le cas échéant, prendre différentes formes[405] :

- *« bombe radiologique[406] dont les composants peuvent provenir différents lieux (cycle du combustible nucléaire, stocks civils des hôpitaux, vols lors de transferts des stocks,...),*
- *attaques contre des sites nucléaires notamment avec un avion civil gros porteur. »*

Toutefois, le recours à une utilisation terroriste du plutonium aura des conséquences économiques et sociales fortes mais n'occasionnerait pas obligatoirement de dommages à l'ensemble des populations visées, dans la mesure où le temps est un facteur essentiel.

En effet, à titre d'exemple, la contamination de l'alimentation en eau d'une ville est un processus très long et doit être effectué en grande quantité, ce qui augmente par voie de conséquence les risques d'être pris pour les terroristes ; l'inhalation d'oxyde de plutonium (en raison d'une bombe sale) dans un espace confiné (ex. : dans le métro) ne tuerait pas immédiatement les populations mais augmenterait le nombre des cancers[407].

---

405 Henri Métivier, « Plutonium- Mythes et réalités », EDP Sciences, Paris, 2010.

406 Exemples d'utilisation de bombe radiologique : en 1996, des rebelles tchétchènes avaient placés un engin contenant un mélange de césium et de dynamite, dans un parc, à Moscou.

407 Henri Métivier, « Plutonium- Mythes et réalités », EDP Sciences, Paris, 2010.

La sûreté nucléaire en Europe[408], notamment grâce à l'expertise française (French cooking)[409] est telle que le nucléaire civil peut devenir l'énergie de demain. Le système français pourrait, à terme, être déployé à l'ensemble de l'Union européenne, et remplacer le modèle anglo-saxon actuel[410]. Les principes de sûreté nucléaire, tels qu'évoqués par l'AIEA, reposent sur deux axes fondamentaux : la responsabilité du responsable des installations ou de la réalisation des activités et les gouvernements nationaux (ainsi que des organismes internationaux, tels que l'AIEA ou Euratom). Toutefois, l'AIEA ne prend pas en compte le contrôle externe, à l'image de la France avec « l'autorité de réglementation française » qui fait régulièrement appel à des experts[411].

---

[408] La sûreté au sein de l'Union européenne ne repose que sur Euratom qui est l'organisme de contrôle des matières nucléaires. Il a, à sa disposition, d'une part, l'Assemblée de régulateurs européens en matière de sécurité nucléaire (European nuclear security regulators authorities-ENSRA [Allemagne, Belgique, Espagne, Finlande, France, Grande-Bretagne, Suède, Suisse]) et vise à « renforcer l'échange d'information et de développement des bonnes pratiques européennes dans le domaine de la protection des installations nucléaires contre les actions de malveillance » ; et d'autre part, le réseau de coopération scientifique et technique dans le domaine du contrôle des matières nucléaires (ESARDA) afin de « faciliter les coopérations dans le domaine de la recherche et du développement ». www.jrc.cec.eu.int

[409] La sûreté à la française repose, dans le domaine nucléaire, sur le Haut fonctionnaire de défense et de sécurité (HFD) du Ministère de l'industrie qui est le responsable de la mise en œuvre de la loi de 1981. Pour ce faire, il est aidé par le Directeur de l'expertise nucléaire de défense de l'Institut de radioprotection et de sûreté nucléaire (IRSN) ainsi que du directeur central de la sécurité du Commissariat à l'énergie atomique (CEA). Ils s'appuient sur le code de défense de 2005. www.hfd.minefi.gouv.fr

[410] Henri Métivier, « Plutonium- Mythes et réalités », EDP Sciences, Paris, 2010.

[411] Grégory Rolina, « Sûreté nucléaire et facteurs humains- La fabrique française de l'expertise », Mines ParisTech, Presses des Mines, Collection économie et gestion, Paris, 2009.

A contrario, la Biélorussie, le Kazakhstan ainsi que l'Ukraine ont signé des accords afin de devenir des zones dénucléarisées et ce, dés 1991. De son côté, l'Afrique du Sud a renoncé à l'armement nucléaire en 1991. Enfin, si Taiwan, la Corée du Sud, l'Argentine, le Brésil et la Libye avaient développés des programmes d'armement nucléaire, actuellement, ils y ont renoncés[412].

Ainsi, la lutte contre la prolifération nucléaire devient une priorité stratégique pour la Communauté internationale, notamment car, à terme, elle remet en cause la suprématie militaire des Etats par dissémination des armes atomiques et par une utilisation non contrôlée des nouveaux acquéreurs[413].

Certains pays ont développé des programmes nucléaires de façon clandestine : l'Iran (2002), la Libye (2003), la Syrie[414] (2007), démontrant ainsi les failles des mécanismes de contrôle international.

De son côté, l'Arabie Saoudite, aurait, dès 1980, passé un accord avec le Pakistan, précisant qu'en échange de financement du programme nucléaire pakistanais, l'Arabie Saoudite bénéficierai d'une aide pour l'acquisition de l'arme nucléaire[415].

---

[412] www.iaea.org

[413] Pascal Boniface, « Comprendre le monde », Armand Colin, Paris, 2010.

[414] Le 7 juin 2010, les ministres des Affaires étrangères de Syrie, Walid Mouallem et de Corée du Nord, Kim Hyong-Jun, ont « renforcé les moyens de consolider les relations bilatérales dans l'intérêt des deux pays et des deux peuples amis ». www.moi-syria.com

[415] Actuellement, l'Arabie Saoudite n'a pas les infrastructures nucléaires et pourrait bénéficier du parapluie américain.

L'Egypte est actuellement perçue comme le prochain Etat proliférateur dans la mesure où il possède le savoir-faire technologique. Il est à la recherche de symbole de leadership dans le monde arabe et enfin, perçoit l'Iran comme une menace. Dans le même temps, l'Egypte n'a aucune opposition intérieure à la nucléarisation du pays[416], même si, officiellement Le Caire prône un « Moyen-Orient exempt d'armes nucléaires ». La Turquie, quant à elle, bénéficie du parapluie américain mais a signé un accord de coopération nucléaire avec la Russie[417].

Dès lors, la problématique de la prolifération nucléaire s'inscrit dans cette logique. En effet, les évolutions internationales amènent de nouveaux comportements, notamment dans le domaine des transferts de technologie, de l'intelligence économique et de l'espionnage, des échanges d'expertise mais aussi en raison de l'extension des marchés noirs et des réseaux illicites.

A titre d'exemple, il convient de citer l'acquisition de l'arme nucléaire par l'Iran et la Corée du Nord grâce à l'expert pakistanais, A. Q. Khan.

Selon une étude de mars 2010 de la World Nuclear Association, quatre cent cinquante nouveaux réacteurs devraient être construits dans le monde, d'ici 2030[418].

---

[416] Le programme nucléaire de l'Egypte aurait débuté dans les années 1950 et de forts soupçons pèsent régulièrement sur ce pays (2004, 2009), d'autant que l'Egypte refuse de soumettre ses installations à un mécanisme d'inspection élargi de l'AIEA. Bruno Tertrais, « Le marché noir de la bombe –Enquête sur la prolifération nucléaire », Buchet Chastel, Paris, 2010.

[417] Nathalie Nougayrède, « Faut-il craindre une prolifération au Moyen-Orient ? », Le Monde, 26 mai 2010.

[418] www.world-nclear.org

Or, l'AIEA, par la voix de son directeur général adjoint, Iouri Sokolov, a considéré, le 8 mars 2010, que le « *lancement d'un programme électronucléaire est une entreprise considérable qui nécessite une planification soigneuse et des investissements en temps et en ressources humaines* »[419].

Ainsi, les Etats entendent-ils mettre en place trois orientations majeures[420]. :

- « *créer une loi internationale contraignante*[421] *en ce domaine ;*
- *créer en parallèle, une banque énergétique nucléaire afin de garantir l'accès au nucléaire aux Etats qui ne l'ont pas ;*
- *favoriser la stabilité des Etats non démocratiques et potentiellement menaçants pour la sécurité internationale* ».

L'incident de Fukushima n'a pas modifié ces prévisions en profondeur mais en revanche, a mis un terme aux projets de construction de centrales nucléaires « low cost » et leurs dérivés.

Le tableau ci-après permet de mieux percevoir les différentes positions géostratégiques face aux armements nucléaires[422] :

€[419] www.iaea.org

[420] William Langwiesche, « Atomic bazaar- Comment l'arme nucléaire est devenue l'arme du pauvre ? », Allia, Paris, 2010.

[421] Renforcement des pouvoirs de l'AIEA, maintien d'un moratoire sur les essais nucléaires, prévention de trafic illicite des matières nucléaires, sécurisation des sites nucléaires civils,…

[422] Georges Le Guelte, « Doctrine et arsenaux nucléaires après le traité de Prague », Politique étrangère, 2 :2010.

Pays	Positions géostratégiques
Etats-Unis	- Développer une défense antimissile : nécessaire mais pour contrer les nouvelles menaces (Iran) et persuader la Russie qu'elle n'est pas dirigée contre le kremlin. - Dissuader d'éventuels concurrents à s'assurer un avantage sur les Etats-Unis. - Montrer aux alliés que les Etats-Unis les défendent sans qu'ils soient tentés d'acquérir leur propre armement.
France (21 mars 2008)	« *La dissuasion nucléaire nous protège de toute agression d'origine étatique* ». (Nicolas Sarkozy)
Grande-Bretagne	La force nucléaire est intégrée depuis 1962 à la stratégie de l'OTAN sauf circonstances exceptionnelles.
Russie	- OTAN : danger militaire numéro un mais pas une menace ; - La Russie se réserve le droit d'employer son arsenal nucléaire contre un pays qui utiliserait des armes ABCN (Atomique, Bactériologique, Chimique, Neutronique) contre elle ou contre ses alliés ; - La Russie peut s'en servir dans un conflit régional impliquant des armes classiques.

La renégociation des accords START (Strategic Arms Reduction Treaty)[423] entre les Etats-Unis et la Russie s'établit

[423] Le traité START (4 décembre 1994-31 décembre 2009) avait pour but d'apaiser les tensions entre les deux blocs, en 1991. Pour ce faire, le traité fixe un objectif chiffré de réduction des arsenaux, tout en définissant des procédures de contrôle mutuel. La réduction des armements nucléaires se poursuit dans le cadre de l'accord SORT (strategic offensive reductions treaty- 2002 fin 2012). « Joint statement by the President of the USA and the President of the Russian Federation on the Expiration of the Strategic Arms Reduction Treaty (Start 1), 4 décembre 2009. www.whitehouse.gov

dans la droite ligne de la nouvelle doctrine militaire des Etats-Unis[424] et qui s'ancre sur trois axes majeurs[425] :

- *« réduction du nombre d'ogives nucléaires détenues par les Etats-Unis et la Russie à 1.550 respectivement[426] ;*
- *limitation à 800 du nombre de vecteurs[427] déployés ou non par les Etats-Unis et la Russie ;*
- *limitation à 700 du nombre de vecteurs déployés ».*

Le texte qui devra entrer en vigueur après ratification par les parlements des Etats-Unis et de la Fédération de Russie, pour une période de dix ans[428], occasionne des divergences d'interprétation.

En effet, les Etats-Unis considèrent que ce « *texte n'impose aucune contrainte aux essais, au développement ou au déploiement de défense antimissiles, et qu'il n'entrave pas les projets en matière de frappes conventionnelles à longue portée* »[429]. La Russie n'est pas d'accord avec cette interprétation, notamment sur la question de la défense antimissile[430].

---

[424] Recours à l'arme nucléaire que dans des circonstances extrêmes, non production de nouvelles têtes nucléaires…

[425] www.un.org et www.iaea.org

[426] Soit une réduction de 74% par rapport au traité START I de 1993 ou de 30% par rapport au traité SORT de 2002 (qui expire en 2012).

[427] Missiles intercontinentaux à bord de sous-marins et de bombardiers.

[428] Le traité SORT s'auto-abolira dès l'entrée en vigueur de ce nouveau traité.

[429] www.defense.gov

[430] www.government.ru

Le traité START, en dépit de nombreux inconvénients, n'est pas dépourvu d'intérêts, comme[431] :

- *«l'importance de l'engagement de désarmement réciproque ;*
- *La tentative d'améliorer les relations bilatérales ;*
- *favoriser la coopération et les négociations bilatérales sur la réduction d'arsenaux entre Etats détenteurs de l'arme nucléaire ;*
- *promouvoir l'objectif de Barack Obama d'un « monde sans armes nucléaires » (ou Plan « Global zéro »), de décembre 2008 »*[432].

Dans le même temps, le TNP ne prévoit ni de limite à la production de combustible, ni le fait que les acteurs non-étatiques aux ambitions terroristes chercheraient à mettre la main sur des arsenaux mal sécurisés[433].

Parallèlement, le traité d'interdiction des essais nucléaires (CTBT) - qui interdit tous essais nucléaires (militaires ou civils) - devrait lui aussi être ratifié par davantage d'Etats[434],

---

[431] Michael Hancok, « Les développements en cours en matière de non-prolifération et de désarmement nucléaire », Doc c/2052, Rapport de l'Assemblée européenne de sécurité et de défense, Assemblée de l'Union de l'Europe Occidentale, 4 novembre 2009.

[432] Ce plan propose « l'élimination progressive et suivie des armes nucléaires en vue d'un accord sur l'élimination de toutes les armes nucléaires pour atteindre le « zéro nucléaire ». Ce plan s'échelonnerait entre 2010 et 2030. Michael Hancok, « Les développements en cours en matière de non-prolifération et de désarmement nucléaire », Doc c/2052, Rapport de l'Assemblée européenne de sécurité et de défense, Assemblée de l'Union de l'Europe Occidentale, 4 novembre 2009.

[433] Michael Hancok, « Les développements en cours en matière de non-prolifération et de désarmement nucléaire », Doc c/2052, Rapport de l'Assemblée européenne de sécurité et de défense, Assemblée de l'Union de l'Europe Occidentale, 4 novembre 2009.

[434] Actuellement, 71 Etats (dont les 5 puissances nucléaires, membres permanents du Conseil de sécurité des Nations Unies : Chine, Russie,

à l'image de l'Indonésie, afin de permettre son entrée en vigueur prochaine.

L'énergie nucléaire est intrinsèquement liée aux problématiques de désarmement et de démilitarisation nucléaires grâce aux accords START[435]. Plus globalement, le texte de la conférence sur le TNP, de mai 2010, signé par 189 Etats a été marquée par quatre axes majeurs[436] :

- *« la convocation d'une conférence sur la dénucléarisation du Moyen-Orient en 2012 ;*
- *l'Iran n'a pas directement été mis en cause et ce, alors qu'ont été cité des Etats non signataires du TNP, tels que le Pakistan, l'Inde, la Corée du Nord ou Israël ;*
- *Israël n'est toujours pas signataire du TNP alors même qu'il détient des armes nucléaires ;*
- *le mécanisme de vérification renforcée des activités nucléaires civiles (protocole additionnel) n'est toujours pas obligatoire. »*

Cette conférence a également mis en évidence trois points essentiels[437] :

- *« l'importance de la lutte contre la prolifération ;*
- *la nécessité de développer le nucléaire civil tout en évitant les risques de prolifération ;*

Etats-Unis, France, Grande-Bretagne) l'ont ratifié, alors même qu'il compte 182 Etats signataires.

[435] Anne Lauvergeon et Michel H. Jamard, « La troisième révolution énergétique », Plon, Paris, 2008.

[436] Isabelle Lasserre, « L'ONU projette un Moyen-Orient sans armes nucléaires », Le Figaro, 31 mai 2010 et Philippe Bololopion et Nathalie Nougayrède, « Accord sur le nucléaire à l'ONU aux dépens d'Israël », Le Monde, 30-31 mai 2010.

[437] Isabelle Lasserre, « L'ONU projette un Moyen-Orient sans armes nucléaires », Le Figaro, 31 mai 2010

- *un consensus trouvé sur le désarmement afin d'atteindre l'objectif du président américain Barack Obama (Prague 2009), « un monde débarrassé des armes nucléaires »*[438]*. »*

Toutefois, le texte n'a pas été un plein succès dans la mesure où il n'a pas réussi à[439] :

- *« universaliser le protocole additionnel en matière de non-prolifération nucléaire ;*
- *clarifier les conditions dans lesquelles un Etat peut se retirer du TNP ;*
- *imposer l'idée d'internationaliser les installations d'enrichissement d'uranium ;*
- *aborder la question des garanties de sécurité négatives que les Etats nucléaires doivent fournir aux pays ne disposant pas de la bombe »*.

Dans la lignée de cette nouvelle gouvernance de la prolifération nucléaire, l'Afrique du Sud et l'Algérie ont signé un accord de coopération pour l'utilisation pacifique de l'énergie nucléaire portant sur la construction de deux réacteurs : l'un de 1.000 MW à l'horizon de 2022 ; l'autre de 2.400 MW à l'horizon de 2027. Areva s'est déjà positionnée[440].

Les centrales nucléaires flottantes russes avec la volonté de Moscou de les rendre extraterritoriales s'inscrivent dans le même ordre d'idée.

---

[438] Nathalie Nougayrède, « Accord sur le nucléaire à l'ONU aux dépens d'Israël », Le Monde, 30-31 mai 2010.
[439] Stéphane Bussard, « Le compromis de New York sur le TNP aidera à traiter avec l'Iran », Le Temps, 4 juin 2010.
[440] Maghreb confidentiel, 27 mai 2010.

CONCLUSION

Dès 2006, le Moyen-Orient veut se doter de l'arme nucléaire. Toutefois, il n'y a pas, dans le monde arabe, d'installations pouvant être facilement utilisé à des fins militaires.

Les programmes civils peuvent contribuer à l'entretien d'un vivier de compétences scientifiques et techniques utiles à un programme militaire avec développement de capacités duales permettant de préserver une option militaire (enrichissement de l'uranium, séparation du plutonium).

Il n'y a pas d'usine d'enrichissement au Moyen-Orient (hors Iran) et l'Egypte, l'Algérie, la Syrie, la Libye ont des « cellules chaudes » à l'échelle d'expérimentation au sein de leurs centres de recherche (traitement du combustible, production de plutonium militaire) et avec une aide étrangère, peuvent développer rapidement leurs capacités.

Le problème réside dans le fait qu'il n'y a pas de visibilité sur le développement en secret d'installations destinées à usage militaire par voie de l'uranium enrichi (installation d'enrichissement), ou par voie du plutonium (réacteur de recherche et usine de retraitement). L'Algérie et l'Egypte possèdent des réacteurs de recherche qui pourraient être utilisé à des fins militaires. Seule la Turquie, membre de l'OTAN, bénéficie d'une garantie de sécurité de la part de puissances étrangères[441].

[441] Bruno Tertrais, « Le marché noir de la bombe- Enquête sur la prolifération nucléaire », Buchet Chastel, Paris, 2009.

La logique de la stratégie nucléaire favorise la riposte de l'attaqué-provoqué et lui confère des avantages, notamment si elle est dirigée vers le système démographique de l'adversaire, s'inscrivant ainsi dans une dimension de dissuasion[442].

Concrètement, les armes nucléaires, avec un accès ouvert est un moyen d'assurer, au sein des cercles dirigeants, la légitimité d'un successeur héréditaire.

Si l'Iran accède au seuil nucléaire publiquement et ouvertement, cela constituera un moyen de prolifération en cascade avec une dynamique de prolifération auto-entretenue. Une réaction en chaîne pourrait en découler. Israël affirmerait alors publiquement sa capacité nucléaire, par exemple.

De la même manière, l'issue de la crise iranienne et de la crise nord-coréenne constitueraient des précédents pour l'avenir de la politique de non prolifération. En effet, si ces pays acquièrent des armes nucléaires, aucune règle générale de non-prolifération ne sera opérationnelle ; s'ils doivent y renoncer, la crédibilité internationale s'accroîtra[443].

Le nucléaire est une énergie aux multiples facettes qui pourrait jouer un rôle majeur allant jusqu'à créer un nouvel ordre international. Le nucléaire n'engendrera pas une économie de rente, neutre…

---

[442] Général Pierre-Marie Gallois, « Stratégie de l'âge nucléaire », Collection Héroïque, éd. François-Xavier de Guibert, Paris, 2009.
[443] Georges Le Guelte, « Les armes nucléaires- Mythes et réalités », Actes sud, Paris, 2009.

Le nucléaire représente en effet de nombreux avantages, tels que l'accession à l'indépendance énergétique, les faibles risques face aux fluctuations des prix, la maîtrise des ressources d'uranium pour l'approvisionnement à long terme, l'accroissement de la compétitivité…

En effet, le nucléaire est recyclable[444]. Ainsi, à titre d'exemple, en France, la loi du 28 juin 2006, permet de pérenniser la technologie du traitement-recyclage des combustibles nucléaires usés' favorisant ainsi l'économie des ressources d'uranium, le développement de l'indépendance nationale et permettant la préservation de l'environnement[445].

Si le nucléaire n'est pas la solution, il n'y a pas de solution sans nucléaire[446].

En France, le marché de l'énergie est accompagné par le FSI (Fonds Stratégique d'Investissement) à hauteur de 1,5 milliards d'euros de participations répartis dans quatorze entreprises[447].

---

[444] 96% des matières contenues dans les combustibles usés peuvent être recyclé dans un nouveau combustible, MOX (combustible issu du plutonium et de l'uranium appauvri). Les 4% restants, sont des déchets ultimes, conditionnés de manière pérenne et sûre. Rapport 2008 « Traitement des combustibles usés provenant de l'étranger dans les installations AREVA NC de La Hague », Areva, Paris, 2008.

[445] Anne Lauvergeon et Michel H. Jamard, « La troisième révolution énergétique », Plon, Paris, 2008.

[446] Laurence Noualhat, « Déchets- Le cauchemar du nucléaire », Seuil, Arte éditions, Paris, 2009.

[447] Le FSI détient des parts du capital des quatorze sociétés cotées ou non (Vallourec (5%), Technip (5%), CGG Veritas (6%), GLI International (Le FSi participe au programme), DAHER, Nexans (6%), Assystem (14%), Gorgé (8%), Soprol, Soitec (10%), Mersen (11%), Siclaé, Vergnet (21%), et EO2. Rapport d'activité FSI 2011, Direction financière, 31 mars 2012.

Il en découle des enjeux majeurs[448] :

- *« des mutations d'envergure dans la composition des « bouquet énergétiques » qui doivent tenir compte de la rareté des ressources fossiles, et de la tendance haussière des prix,*
- *des impacts environnementaux,*
- *des infrastructures et des développements technologiques et industriels qui sont bien souvent encore insuffisants en matière d'énergie renouvelables »*.

L'Union européenne impose d'ici 2020, aux pays membres la règle dite des « 3 x 20 »[449], c'est-à-dire d'avoir 20% d'énergies renouvelable dans leur bouquet. La France s'est, quant à elle, fixé l'objectif de 23%.

Les tensions induites par les fluctuations des prix et des coûts de l'énergie sont des éléments importants à prendre en compte, tant ils influent sur la demande, sur les potentialités d'extraction et sur le respect des normes environnementales.

Les infrastructures sont des facteurs incontournables qui doivent être modernisés pour répondre aux besoins du marché. A titre d'exemple, il convient de citer la nécessaire intégration aux réseaux énergétiques européens en construction ou déjà existants.

---

[448] « Le secteur de l'énergie », Les Cahiers du FSI, n°1, mai 2012.

[449] Les pays de l'Union européenne s'engagent, d'ici 2020, à réduire les émissions de gaz à effet de serre (GES) d'au moins 20% par rapport à 1990, d'avoir 20% d'énergie renouvelables et d'améliorer l'efficacité énergétique de 20%.

Les technologies s'accélèrent et les innovations technologiques sont déterminantes sur le marché international, comme par exemple le « Direct Drive »[450], la capture et le stockage du CO_2, « les composants intelligents »[451].

La mondialisation des enjeux et des acteurs amènent une vision prospectiviste qui va des projets de gazoducs transfrontaliers à la création progressive de réseau de transport d'électricité interconnecté au niveau continental (« plaque de cuivre »), aux mutations de la demande énergétique vers les pays en développement, toujours plus exigeante en partenariats internationaux.

Dans cette optique stratégique, trois axes fondamentaux se dégagent[452] :

- *« l'émergence de « champions nationaux »[453],*
- *la promotion du savoir-faire et de la technologie française hors du cadre national[454],*
- *leur accompagnement dans l'évolution du bouquet énergétique[455]. »*

Le tableau ci-après permet de mettre en exergue les secteurs de consommation énergétique[456] :

---

[450] Ex. : éolienne à concentration solaire.

[451] Ex. : Smart Grids.

[452] « Le secteur de l'énergie », Les Cahiers du FSI, n°1, mai 2012.

[453] Ex. : Daher pour le nucléaire, Gorgé pour les ETI (entreprise de taille intermédiaire), création du fonds nucléaire…

[454] Ex. : Technip, CGG Veritas, Vallourec…

[455] Ex. : Soitec pour le solaire photovoltaïque à concentration, Soprol pour la production de biodiesel, les marchés de l'éolien onshore et offshore…

[456] Ludovic Mons, « Les enjeux de l'énergie », Larousse, Paris, 2011.

	Charbon (%)	Gaz (%)	Uranium (%)	Pétrol e (%)	Diver s (%)	Electricit é (%)
Production d'électricité (29%)	36	19	16	9	20	
Industrie (25%)	31	18		17	17	17
Résidentiel	14	19		19	34	14
Tertiaire (26%)						
Transports (16%)	4			96		

D'une façon générale, les Etats cherchent à se prémunir des crises énergétiques de toute nature en créant des stocks stratégiques[457] qui représentent entre 90 et 100 jours de consommation, 150 pour le Japon.

La gestion effectuée, soit par les Etats comme aux Etats-Unis ou soit par des agences, comme en France. Le but est de *« répondre à une éventuelle rupture des approvisionnements et d'avoir un rôle très important quand les cours sont en hausse et ainsi permettre d'amortir temporairement l'augmentation des prix voire de contribuer à une baisse des prix en cas de baisse de la demande ».*

[457] Ludovic Mons, « Les enjeux de l'énergie », Larousse, Paris, 2011.

Dès lors, la politique de la France en matière de sécurité d'approvisionnement s'établit ainsi[458] : « *des objectifs ambitieux du mix énergétique, fondé sur le nucléaire et le développement des énergies renouvelables ; le dialogue avec les pays producteurs ; l'augmentation de la prévisibilité de l'offre et de la demande d'énergie ; le développement d'infrastructures et des voies d'approvisionnement adéquates, qui ont fait défaut notamment lors de la crise gazière de janvier 2009. Le plan de relance européen doit permettre d'importants progrès dans ce domaine* ».

De son côté, le scénario 2011 vise *« la sobriété et l'efficacité énergétique qui permet de diminuer de 50% la consommation finale et de diminuer la chaleur nucléaire perdue dans le système des 2/3 de la consommation primaire totale »*[459].

Le problème est triple[460] :

- *« faisabilité technique (et de la sécurité induite) ;*
- *coût économique (et de la transition énergétique induite) ;*
- *acceptabilité sociale (manque d'éducation de la population face aux énergies notamment nucléaire*). »

---

[458] « Evaluation des risques susceptibles d'affecter la sécurité d'approvisionnement en gaz de la France », transmise à la Commission européenne en application de l'article 9 du règlement 994/2010/CE du 20 octobre 2010 mise à jour le 14 mai 2012.

[459] Michel Chateline, Patrick Criqui, Daniel Heueur, Sylvestre Huet, « Nucléaire : quels scénarios pour le futur ?, 360 collection, La ville brûle, Paris, 2012 et Euratom Supply Agency Annual Report, 2010.

[460] Michel Chateline, Patrick Criqui, Daniel Heueur, Sylvestre Huet, « Nucléaire : quels scénarios pour le futur ?, 360 collection, La ville brûle, Paris, 2012 et Euratom Supply Agency Annual Report, 2010.

Pour autant, l'augmentation de la consommation d'électricité semble inéluctable. Il faut prendre en compte la substitution fuel/électricité constaté fortement en février 2012 pour le chauffage individuel, l'augmentation du recours au chauffage électrique en complément du chauffage collectif et surtout l'impact du plan véhicule électrique en remplacement des véhicules thermiques classiques. Le remplacement des énergies fossiles par l'électricité converge vers une augmentation de la part de l'électricité dans la consommation globale d'électricité.

Le tableau ci-après permet de faire ressortir la part du nucléaire dans la production d'électricité[461] :

Pays	2010 (%)	2035 (%)
Japon	27,7	33,7
Russie	16,5	24,6
UE (15)	28,7	23,6
Etats-Unis	20,1	17,1
Inde	2,4	11,4
Chine	2,2	5,7
Reste du monde	13,7	12,8

Depuis l'incident de Fukushima[462], quelques opérateurs internationaux[463] se sont associés de façon quasi-

[461] Worldbank, 2011.
[462] Echelle internationale des évènements nucléaires : incident : 1- anomalie, 2- incident, 3- incident grave. Accident : 4- accident n'entrainant pas de risque important hors du site, 5- accident entrainant un risque hors du site, 6- accident grave, 7- accident majeur). ERDF, 2011.
[463] EDF (France), Rosatom (Russie), CGNPC (China Guangdong Nuclear Power group- Chine), Kepco (Korea Electric Power- Corée du sud).

incontournables à la création de toutes nouvelles centrales[464] dans pays qui veulent privilégier le nucléaire dans leur nouveau bouquet énergétique[465].

En Allemagne, avant l'arrêt son complet, le nucléaire[466] représentait 22,5% du bouquet énergétique. En 2010, la situation de la production électrique en Allemagne était la suivante[467] :

Type d'énergie	Pourcentage (%)
Lignite	23,4
Houille	18,8
Gaz	13,4
Pétrole	-
Nucléaire	22,5
Energies renouvelables	16,4

Il est donc impératif d'accroître aussi les énergies fossiles **(notamment le charbon et le gaz conventionnel ou non) et** d'augmenter les besoins d'interconnexions électriques pour accroître la capacité d'importation[468].

Afin de relever les nouveaux défis, l'Allemagne doit accroître sa capacité de stockage en électricité produite par des énergies intermittentes (possibilité encore techniquement extrêmement limitée), construire les infrastructures correspondantes et en parallèle, développer l'éolien offshore, le biogaz, le lignite et le gaz[469].

---

464 Notamment en Pologne, Russie, Afrique du Sud, Brésil, Etats-Unis…

465 Euratom Supply Agency Annual Report, 2010.

466 Les sociétés Eon er RWE se sont ainsi retiré du secteur du nucléaire.

467 Arbeitsgemeinschaft Energiebilanzen AGEB, 2010.

468 Frédéric de Monicault, « Sans le nucléaire, la fracture énergétique de la France exploserait », Le Figaro, 22 septembre 2011.

469 Christian Bataille, « Energie- L'Allemagne, un cas particulier », Sénat, 19-22 septembre 2011.

Les conséquences d'une sortie précipitée du nucléaire[470] pourraient être lourdes pour un Etat comme la France[471] : perte de 400.000 emplois directs et indirects, diminution des dispositifs de sûreté, remise en cause de l'expertise française, baisse de la gestion des déchets radioactifs, baisse du positionnement concurrentiel de la France ; les stocks d'uranium appauvri et de plutonium sont un potentiel de production d'électricité pour des millions d'années.

L'OPECST[472] a ainsi établi trois scénarios de sortie du nucléaire pour la France[473] :

- *« sortie totale du nucléaire : importation de gaz et d'électricité, perte économique (hausse du chômage, faillite, délocalisation, recherche et développement), hausse des émissions de co_2, hausse des coûts d'ajustements (coût du démantèlement, différentes installations et de capacités, construction de centrales à gaz, énergies renouvelables)[474] ;*
- *maintien du parc actuel : consolidation de la sûreté, hausse de la gestion des déchets, réacteurs de IVe génération, syndrome japonais, maintien de l'emploi ;*

[470] La baisse de la part du nucléaire dans l'économie française est liée à la perte du poids de l'autorité de sûreté nucléaire dans les standards internationaux et à la baisse de production du Mox. Luc Oursé, « La politique énergétique de la France mérite mieux », Les Echos, 21 novembre 2011.

[471] Claude Birraux, « L'avenir de la filière nucléaire », OPECST, 30 juin 2011.

[472] OPECST : Office Parlementaire d'Evaluation des Choix Scientifiques et Technologiques.

[473] Claude Birraux, Christian Bataille, Bruno Sido, « L'avenir de la filière nucléaire », rapport de l'OPECST, décembre 2011.

[474] En France, le CEA poursuit la même logique pour les énergies renouvelables que dans le nucléaire, à savoir : dynamiser la recherche et favorise l'émergence de filières industrielles performantes. Frédéric de Monicault, « Sans le nucléaire, la fracture énergétique de la France exploserait », Le Figaro, 22 septembre 2011.

- *allongement de la durée de vie (50 ans) et renouvellement du parc : baisse de la dépendance à l'énergie nucléaire, baisse de la sobriété énergétique, hausse du stockage énergétique, hausse de la mise en exploitation des énergies renouvelables stockées, maintien de l'atout industriel français (recherche et développement, EPR, compétences, expertises) ».*

Ce scénario, confronté aux perspectives d'augmentation des besoins d'électricité, est il compatible avec le refus obstiné de seulement explorer les réserves de gaz et de pétrole de schistes en France ?

La comparaison entre le coût du nucléaire et celui de l'éolien est édifiante[475]. Le coût de production de l'EPR[476] en série revient à 50-60 euros par mégawatheure pour un taux de disponibilité de 92% de la centrale, grâce au design qui facilite les opérations de maintenance. La puissance moyenne installée est de 1.600 mégawatt. A titre de comparaison, l'éolien on shore revient à 80-90 euros par mégawatheure. L'éolien offshore quant à lui, revient à 115-120 euros par mégawatheure dont 80% investis dans les coûts de production. L'avenir tendrait vers un coût de l'électricité de +30-50% d'ici 2020-2030 en raison de trois facteurs :

- l'épuisement des ressources fossiles,
- le vieillissement du parc de production et des investissements induits (prolongation de la durée de vie des centrales nucléaires,
- le recours aux énergies renouvelables…[477].

---

[475] « Commission d'enquête sur le coût réel de l'électricité afin d'en déterminer l'imputation aux différents agents économiques », Sénat, 21 mars 2012.

[476] European Pressurized Reactor, puis Evolutionary Power Reactor et rebaptisé aussi US-EPR aux Etats-Unis.

[477] « Commission d'enquête sur le coût réel de l'électricité afin d'en déterminer l'imputation aux différents agents économiques », Sénat, 21 mars 2012.

ANNEXE

Réacteurs de 4e génération (ASTRID et ITER), la solution ?

Les réacteurs de quatrième génération[478] ont pour but une meilleure valorisation énergétique des ressources en uranium, une minimisation du problème du traitement des déchets ainsi qu'une meilleure résistance à la prolifération.

Le modèle est la filière des réacteurs à neutrons RNR (rapides, refroidis au sodium ou au gaz [à l'étude]) ainsi que des études de réacteurs rapides à gaz à très haute pression.

Il convient de citer ici la France avec la loi-cadre (28 juin 2006) sur la gestion durable des déchets et des matières radioactives.

Le projet ASTRID sera mis en service en 2035-2045 avec pour but est de donner son autonomie à la France dans le domaine de la production d'énergie électrique[479].

En France, les réacteurs à neutrons rapides à sodium ou à gaz ont pour but de « *boucler complètement le cycle du plutonium ; produire de 50 à 100 fois plus d'électricité avec*

---

[478] Les systèmes nucléaires possibles sont : VHTR (very high temperature reactor system- 1.000°C/1.200°C refroidi à l'hélium) : pour la production d'hydrogène ou de cogénération hydrogène/électricité) ; GFR (Gas coaled fast reactor system) ou RNR Gaz : réacteur à neutrons rapides à caloporteur hélium ; SFR (Sodium-coaled fast reactor system) ou RNR Na : réacteur à neutrons rapides à caloporteur sodium ; LFR (lead-coaled fast reactor system) : réacteur à neutrons rapides à caloporteur alliage de plomb ; SCWR (supercritivcal water-coaled reactor system) : réacteur à eau supercritique ; MSR (Molten salt reactor system) : réacteur à sels refroidis. Christophe Béhar et François Gauché, « Astrid : un prototype de réacteur de quatrième génération pour un nucléaire durable », Passages n°163, 2e trimestre 2010.

[479] « Le nucléaire », Passage n°163, 2e trimestre 2010.

la même quantité d'uranium ; baisser la radioactivité intrinsèque des déchets ultimes ; et drainer les meilleures compétences scientifiques et techniques autour d'un grand projet nucléaire innovant »[480]. Le tableau ci-après permet de mettre en relief les réacteurs à neutrons refroidis au sodium dans le monde[481] :

En service	En construction	En projet	Nom (nombres)	Puissance (nombre)	Finalité-Année
Russie			BOR-60	60MW	Recherche 1968
			BN-600	600 MWe	Industrie 1980
Japon			Joyo	140 MW	Recherche 1977
			Monjo	280 MWe	Prototype 1992
Inde			FBTR	40 MWe	Recherche 1985
	Chine		CEFR	65 MW	-2010
	Inde		PBFR	470 MWe	-2011
	Russie		BN 800	750 MWe	-2012
		Chine	BN 800 (2)		
		Inde	PBRF (6)		
		Russie		1.200 MWe (1)	

Le choix du nucléaire est de plus en plus développé et prisé car il apparaît comme le meilleur moyen de tendre vers

[480] Christophe Béhar et François Gauché, « ASTRID: un prototype de réacteur de quatrième génération pour un nucléaire durable », Passages n°163, 2e trimestre 2010.
[481] Christophe Béhar et François Gauché, « ASTRID : un prototype de réacteur de quatrième génération pour un nucléaire durable », Passages n°163, 2e trimestre 2010.

l'indépendance énergétique[482]. Il ne s'agit pas seulement d'un outil économique mais aussi d'une indépendance diplomatique.

Le projet ASTRID est un RNR Na sous forme de démonstrateur industriel électrogène de 600 MWe afin de tester des options innovantes (sûreté et opérabilité), favorisant la transmission des actinides mineurs (baisse du volume et de la dangerosité des déchets ultimes en produisant de l'électricité) et enfin, une augmentation du taux de disponibilité[483].

En France, il devait être financé par l'emprunt national. Le projet Allegro pour sa part, est une alternative au RNR gaz qui sera construit au niveau européen (2030) afin de valider différents concepts matériaux et solutions techniques issus de la recherche et du développement. Ce devrait être là aussi un démonstrateur industriel (2050)[484].

Les entreprises recherchent une bonne gouvernance et adhérent à l'ETI (Initiative pour la transparence des industries extractives - Extractive Industries Transparency initiative) et « *veulent rendre compte de ce qu'elles paient*

---

[482] Areva est une entreprise modèle pour bon nombre de pays. Ainsi, certains pays ont signé un protocole d'accord avec Areva : Etats-Unis, Grande-Bretagne, Italie, Finlande, Chine, Inde ; D'autres pays préparent des appels d'offres sur lesquels Areva se positionne : République tchèque, Pologne, Afrique du sud, Jordanie ; Enfin, certains pays envisagent un accord avec la France dans le nucléaire : Maroc, Tunisie, Libye, Koweït, Egypte, Tanzanie, Chili, Argentine, Vietnam, Thaïlande, Indonésie. www.areva.com

[483] [483] Christophe Béhar et François Gauché, « Astrid : un prototype de réacteur de quatrième génération pour un nucléaire durable », Passages n°163, 2e trimestre 2010.

[484] Christophe Béhar et François Gauché, « Astrid : un prototype de réacteur de quatrième génération pour un nucléaire durable », Passages n°163, 2e trimestre 2010.

aux Etats, que les Etats doivent rendre compte de ce qu'ils perçoivent et qu'ensuite les auditeurs s'assurent que les déclarations correspondent à la réalité »[485].

Le synchrotron Soleil[486] est un axe majeur du dispositif global et permet une mutualisation des connaissances (mode d'accès spécifiques pour les PME, innovations technologiques, excellence scientifique…).

Il existe un projet nucléaire européen d'envergure, le réacteur expérimental de fusion[487] nucléaire ITER qui, depuis la décision de Moscou du 28 juin 2005, sera implanté à

---

[485] Jonas Moberg, « Les sociétés doivent rendre compte de ce qu'elles paient aux Etats, et les Etats de ce qu'ils perçoivent », Le Monde-Economie, 12 février 2008.

[486] Synchrotron Soleil est une initiative du CNRS (72%) et du CEA (28%) qui a vu le jour le 16 octobre 2001. Le Conseil général de l'Essonne, la région Ile de France ainsi que la région Centre ont opéré des investissements à hauteur de 70%. www.iter.gouv.fr

[487] « *La fusion est la source d'énergie du soleil et des autres étoiles. Une étoile commence à briller quand la matière en son cœur atteint, sous l'effet des forces de gravitation, des densités et des températures suffisantes pour déclencher des réactions thermonucléaires libérant de l'énergie. La tendance du plasma à se disperser, donc à se refroidir, est contrebalancée par la force gravitationnelle. Sur terre, le confinement gravitationnel est impossible. Deux voies sont étudiées pour reproduire ces réactions : porter à très haute pression et à haute température un petit volume de matière pendant un temps extrêmement court. On cherche ainsi à obtenir le plus grand nombre possible de réactions de fusion avant que le plasma ne se disperse. On parle alors de confinement inertiel ; piéger et maintenir à très haute température un plasma. Ce plasma est confiné dans une boîte immatérielle de forme torique créée par des champs magnétiques. On parle alors de confinement magnétique* ».
La fission est quant à elle, « *la cassure d'un noyau lourd par neutrons. Le combustible : U235 ou Pu 239. La fission est actuellement à l'état industriel* ». www.iter.gouv.fr

Cadarache (France). Ce réacteur ambitionne de recréer le processus de fusion présent au cœur des étoiles[488].
« *L'objectif du projet ITER est de démontrer la possibilité scientifique et technologique de la production d'énergie par la fusion des atomes. La fusion contrôlée représente un défi scientifique et technologique majeur qui pourrait répondre au problème crucial de disposer, à plus ou moins long terme, de nouvelles ressources énergétiques. A côté de l'énergie de fission, l'énergie de fusion représente l'espoir d'avoir une source d'énergie propre et abondante au cours du XXIe siècle. A l'heure où la raréfaction des énergies fossiles est prévue d'ici 2050, il est d'une importance vitale d'explorer le potentiel de toutes les autres sources d'énergie. Avec trois cents litres d'eau de mer, on pourrait fournir un gramme de deutérium*[489]*. C'est-à-dire que l'eau des océans permettrait, à elle seule, de subvenir aux besoins mondiaux de l'humanité pendant, environ, un milliard d'années. ITER vise à démontrer la faisabilité scientifique et technique de l'énergie de fusion. C'est-à-dire qu'au sein d'un réacteur de type Tokamak, un mélange de deutérium et de tritium (isotopes de l'hydrogène) peut être porté à une température de l'ordre de 200 millions de degrés, suffisante pour que la réaction de fusion s'auto-entretienne et qu'elle soit contrôlée* »[490]. Le but est de reconstituer les réactions du soleil[491].

[488] Robert Arnoux et Jean Jacquinot, « Iter- Le chemin des étoiles », Edisud, Paris, juin 2006 et Viviane du Castel, « Perspectives énergétiques en Europe et les nouvelles stratégies d'influence et de coopération », Colloque ESCE, Paris, 2006.
[489] L'un des noyaux utilisés dans la réaction de fusion.
[490] www.iter.gouv.fr
[491] Une version plus petite existe déjà : JET : Joint European Torus- Tore européen commun, depuis 1983, à Culhan (Grande-Bretagne), voir USinfo State Gov (Etats-Unis), décembre 2006.

Les partenaires du projet, étaient à l'origine, l'Union européenne (UE- 50%), les Etats-Unis, la Russie et le Japon, la Corée du sud et la Chine, sous l'égide de l'AIEA. Depuis, l'Inde les a rejoints et le Brésil est intéressé en raison de ses réserves de tritium. L'agence ITER est présidée par le professeur Osamu Motojima[492]. Le statut de l'agence fait qu'elle détient l'essentiel des pouvoirs d'investissement du programme[493].

Depuis les adhésions de 2004, cinq nouveaux Etats nucléaires ont adhéré à l'UE, la Hongrie, la Lituanie, la Slovaquie, la Slovénie et la République tchèque avec un problème majeur : des réacteurs nucléaires d'origine soviétique. Dès 1990-1999, la solution apparut dans la mise en œuvre de deux programmes : TACIS (Russie-Ukraine) et PHARE (Europe centrale). Le projet européen est d'envergure mondiale : réacteur expérimental de fusion nucléaire ITER. Le Conseil d'ITER, présidé par Evgueni Valikov (Chine, Corée du Sud, Etats-Unis, Union européenne, Inde, japon et Russie) a adopté, en juin 2009, une nouvelle approche par étapes : la phase de construction a débuté en août 2010. L'obtention d'une première tentative de fusion d'atomes d'hydrogène est prévue pour novembre 2019.

Le nucléaire civil en Europe attire de plus en plus de pays[494] puisque aujourd'hui trente et un Etats en produisent dans le monde, dont dix sept en Europe[495].

---

[492] Il remplace, depuis le 27 juillet 2010, Kaname Ikeda.

[493] L'Europe finance prés de la moitié, soit 10 milliards d'euros.

[494] AIEA, 2006.

[495] Pour l'Europe, il s'agit de l'Allemagne, l'Arménie, la Belgique, la Bulgarie, l'Espagne, la Finlande, la France, la Hongrie, la Lituanie, les Pays-Bas, la République tchèque, la Roumanie, le Royaume-Uni, la Russie, la Slovaquie, la Slovénie, la Suisse, l'Ukraine. La part de l'UE dans le projet ITER se situe à hauteur de 45%.

Les raisons de cet engouement tiennent à la nécessité de renforcer les indépendances énergétiques par rapport à la Russie[496] et à son absence de rejet de CO^2.[497]

Ainsi, d'autres projets européens se positionnent également. A titre d'exemple, il convient d'en citer quelques uns[498] :

- « « Etude ExternE » qui est une coopération entre la Commission européenne et le département d'Etat de l'énergie américain ; il s'agit de *« définir, d'identifier et de quantifier les externalités des différentes filières, sur tous les points de vues. »*
- Agence française du nucléaire (initiative française de 2008) : coopération internationale dans le domaine du nucléaire pour les Etats désireux de préparer leur environnement au nucléaire.
- GNEP : Global Nuclear Energy Partnership (initiative américaine de 2006) : partenariat international pour le développement harmonieux du nucléaire civil dans le monde et propose d'une part la fermeture du cycle du combustible nucléaire pour le développement de la technologie du recyclage simultané de l'uranium, du plutonium et des déchets nucléaires appelés actinides mineurs dans des réacteurs à neutrons rapides ; d'autre part, l'instauration d'un consortium d'Etats garantissant la fourniture de l'uranium enrichi aux pays ne disposant pas d'installations, la reprise de leur combustible nucléaire usés et leur traitement / recyclage sans renvoi des déchets à l'expéditeur.

---

[496] Cf. : Crises du gaz entre l'Ukraine et la Russie en 2006, 2007, 2009 qui aurait pu avoir de lourdes conséquences pour toute l'Europe.

[497] Viviane du Castel, « Perspectives énergétiques en Europe et les nouvelles stratégies d'influence et de coopération », Colloque ESCE, Paris, 2006.

[498] Anne Lauvergeon et Michel H. Jamard, « La troisième révolution énergétique », Plon, Paris, 2008.

- Initiative Poutine (2006) : doter les installations sensibles du cycle du combustible nucléaire d'un actionnariat multinational afin de garantir la sécurité d'approvisionnement et de prévenir le détournement des matières et services. »

ITER répond aux enjeux du XXIe siècle, notamment en fournissant une énergie concentrée pour satisfaire la demande croissante des pays émergents sans émettre de gaz à effet de serre. Ainsi, ITER permettra-t-il de disposer, à terme, d'une énergie illimitée et peu polluante[499].

Le 20 juillet 2010, la Commission européenne a proposé aux gouvernements de l'UE de payer le surcoût de financement de 1,4 milliards d'euros à la charge de l'UE, selon la répartition suivante (7e programme cadre de recherche) : 2012 : 100 millions d'euros ; 2013 : 360 millions d'euros ainsi que les 400 millions d'euros de crédits non utilisés provenant d'autres postes du budget[500].

Toutefois, en raison de contingences financières pour ITER, l'Europe propose une alternative avec son projet baptisé HIPER (High Power Laser Energy Research- Projet laser haute puissance), créé sous l'égide de la Commission européenne. L'objectif ainsi recherché est de « *tester la faisabilité scientifique et technique de la fusion nucléaire initiée par laser comme source d'énergie* »[501]. Le principe repose sur la « fusion par confinement inertiel et activation laser en quatre phases : compression par laser d'une capsule ;

---

[499] Bernard Tinturier, « Nucléaire civil et militaire : le risque de prolifération ? », Regards sans frontières, ARRI, Paris, mai 2007 et Gérard Tur, « Nucléaire : Iter entre dans le vif du sujet », La Tribune, 29 novembre 2007.

[500] www.eu.int

[501] www.hiper-laser.org

préparation ; activation (laser haute pression) ; fusion et production énergétique »[502].

D'autres projets tels que le Laser MégaJoule (LMJ- France) ou le National Ignition Facility (NIF-Etats-Unis) misent, pour leur part, sur l'action cumulée de plusieurs faisceaux laser afin d'obtenir la fusion nucléaire.

[502] www.hiper-laser.org et Paul Molga, « Hiper lance la fusion thermonucléaire low cost », Les Echos, 17 mai 2010.

BIBLIOGRAPHIE

- Adler Alexandre, « Le revers turco-brésilien en Iran », Le Figaro, 22 mai 2010
- AEN, 2009.
- AFP, 7 novembre 2009
- AIEA, 27 novembre 2009 ; avril 2009 ; rapports de 2006 à 2010.
- Amalric Jacques, « Iran : les Etats-Unis tentés par la guerre », Alternatives internationales, décembre 2007
- Amorim, déclarations du 27 avril 2010, Téhéran, Iran.
- André Gabriel, « Suivez de près la corrélation dollar/matières premières », L'Edito des matières premières, 8 avril 2008.
- Arbeitsgemeinschat Energie Bilanzen, Ageb 2010,
- « Areva place ses réacteurs nucléaires EPR en Inde », La Tribune, 4 février 2009.
- Arnoux Robert et Jacquinot Jean, « Iter- Le chemin des étoiles », Edisud, Paris, juin 2006
- Barluet Alain, « Un compromis se dessine entre Iraniens et occidentaux », Le Figaro, 22 octobre 2009.
- Barzin Nader, « L'économie politique de développement de l'énergie nucléaire en Iran (1957-2004) », Paris, 2005.
- Barroux David, « L'Allemagne s'interroge sur le financement de sa transition énergétique », Les Echos, 21 août 2012
- Basbous Antoine, « Il faut compter avec Ankara », Le Monde, 8 juillet 2010.
- Bataille Christian, « Energie, l'Allemagne un cas particulier », Senat 19-22 septembre 2011.
- Baudrillart Régis, « Le nucléaire face à la transition énergétique- les perspectives à long terme et la stratégie internationale des politiques nucléaire », conférence ADAPES-PASSAGE, 8 juin 2012.

- Béhar Christophe et Gauché François, « Astrid : un prototype de réacteur de quatrième génération pour un nucléaire durable », Passages n°163, 2e trimestre 2010.
- Beigbeder Charles, « La crise de l'énergie est-elle une chance pour l'avenir ? », JC Lattès, Paris, 2008.
- Bernard Philippe et Leparmentier, Arnaud, « Dans quelles conditions Clothilde Reiss a-t-elle été libérée ? », Le Monde, 18 mai 2010.
- Bezat Jean-Michel, « La course à l'uranium reprend dans le monde », le Monde, 11-12 janvier 2009.
- Birraux Claude, « L'avenir de la filière nucléaire », OPECST, 30 juin 2011.
- Blix Hans, « Attention à ne pas humilier l'Iran », Challenges n°75, 12 avril 2007.
- Bololopion Philippe et Nougayrède Nathalie, « Accord sur le nucléaire à l'ONU aux dépens d'Israël », Le Monde, 30-31 mai 2010.
- Boniface Pascal, « Comprendre le monde », Armand Colin, Paris, 2010 ; « des éclaircies en 2007 mais aussi de gros nuages », Challenges 3 janvier 2008.
- Bonnaure Pierre, « Le grand retour du nucléaire ? », Futuribles, Paris, janvier 2011.
- « BP Statistical Review of World Energy », Europ's Energy Portal, juin 2009.
- Bussard Stéphane, « Le compromis de New York sur le TNP aidera à trAlter avec l'Iran », Le Temps, 4 juin 2010.
- Carroll Rory et Harding Luke, « Russian to built nuclear reactor for Hugo Chavez », The Guardian, 19 novembre 2008.
- Carter Perry, « If necessary, strike and destroy », The Washington Post, 2 juin 2006.
- Castel Viviane (du), « L'expansionnisme nucléaire russe : une menace pour l'Europe ? », Regards RIE

Risque & Intelligence Economique, n°30, 1er trimestre 2010 ; « Le secteur énergétique et l'Intelligence économique : entre influence et stratégie- L'exemple de la Russie », Cahier de recherche ISEG-ISERAM, Paris, 2010 ; « L'industrie nucléaire : nouvelle arme du Kremlin ? », Cahier de recherche ISEG-ISERAM, Paris, 2010 ; « Le grand Nord- Un nouvel enjeu très courtisé- L'exemple de la mer de Barents, Norvège», Edition Mare Balticum, L'Harmattan, Paris, 2010 ; « Le nucléaire au XXIe siècle : entre convoitises et craintes ou la démocratisation du nucléaire », Cahiers de Mars, Paris, juin et septembre 2008 ; « De Königsberg à Kaliningrad : l'Europe face à un nouveau « Département d'outre-terre » russe sur la Baltique », L'Harmattan, Collection Mare Balticum, Paris, 2008 ; « Perspectives énergétiques en Europe et les nouvelles stratégies d'influence et de coopération », Colloque ESCE, Intelligence économique et compétitivité internationale, Paris, novembre 2006.
- Castel Viviane (du) et Bensebaa Faouzi, « Russie : l'arme énergétique », Futuribles N°337, janvier 2008.
- Castel Viviane (du) et Deconstanza Thomas, « L'oblast' de Kaliningrad : un nouvel enjeu géopolitique », Passages, n°161, décembre 2009-janvier 2010.
- Chalmin Philippe, « Cyclope - Les marchés mondiaux- 2009 », « Cyclope 2011 », Economica, Paris, 2009.
- Champsaur Paul, « Rapport de la Commission sur l'organisation du marché de l'électricité », Paris, avril 2009.
- Charrin E., « L'Inde à l'assaut du monde », Hachette Pluriel, Paris 2009.

- Chateline Michel, Criqui Patrick, Heueur Daniel, Huet Sylvestre, « Nucléaire : quels scénarios pour le futur », 360 collection, La ville brule, Paris 2012
- Cirincione Joseph, « Les Etats-Unis révisent leur stratégie nucléaire », Le Monde, 7 avril 2010.
- Clinton Hilary, « Une stratégie sur les armes nucléaires pour le XXIe siècle », Le Figaro, 9 avril 2010.
- Commentaires, octobre 2009.
- Commission d'enquête sur le cout réel de l'électricité afin d'en déterminer l'imputation aux différents agents économique, Sénat, 21 mars 2012.
- Courmont Barthélémy, « L'autre pays du matin calme- Les paradoxes nord-coréens », Armand Colin, Paris, 2008.
- Corriere della Serra, 8 mai 2008.
- « Crises et sorties de crises », CA Eclairages n°127, novembre 2008.
- « Dans la péninsule coréenne », TTU n°758, 12 mai 2010.
- De Ameida Paulo Roberto, « Lula's Foreign Policy and Global Strategies », in Joseph Love, Waerner, Baer (Dir.), « Brazil under Lula : Economy, Politics and Society under the Worker-President », Palgrave-Macmillan, New-York, Etats-Unis, 2009
- Deger Marc, « Paris compte sur le Kazakhstan pour sécuriser sa filière uranium », La Tribune, 8 février 2008.
- Delpech Thérèse, « 1995 : le programme nucléaire militaire iranien, mythe ou réalité ? », Cahiers du CAP n°3, Paris, automne 2006.
- El Baradei Mohamed, « La menace du terrorisme nucléaire s'est aggravée », L'Express, 12 novembre 2009.

- « Energy », (supplément), Nezavissimaya Gazeta, 12 août 2008.
- Environnement Safety, n°2/2008.
- Euratom, Supply Agency Annual Report 2010.
- Eurodif, 2010.
- Fabry Elvine, « La politique européenne de l'énergie », Séminaire du 2 juin 2008, Fondation pour l'innovation politique, Document de travail, octobre 2008.
- Falletti Sébastien, « Pékin prend ses distances avec la Corée du Nord », Le Figaro, 31 mai 2010.
- Favenec J.P., « Géopolitique de l'énergie- Besoins, ressources, échanges mondiaux », Technip, Paris, 2008.
- Flash Natixis, n°241, juin 2007 et janvier-février 2008.
- Frécault Gilles, Editorial », CA Eclairages n°128, décembre 2008.
- Gallois Pierre Marie (Général), « Stratégie de l'âge nucléaire », Collection Héroïque, éd. François-Xavier de Guibert, Paris, 2009.
- Garaude Pauline, « Faut-il avoir peur du Pakistan ? », Larousse, Paris, 2008.
- Gautier Fabienne, « Nucléaire en Allemagne, pas de grand bond en arrière », Sortir du nucléaire n°30, mars 2006.
- Gayen Laurent, « Mondes rebelles-Asie du Sud », Michalon, Paris, 2009.
- Géré François, « L'Iran et le nucléaire- Les tourments perses », Edition Lignes de repères, Paris, 2006.
- Gholanhossein, Déclaration du 15 janvier 2007.
- Gipouloux François, « La Chine du XXIe siècle- Une nouvelle superpuissance ? », CIRCA, Armand Colin, Paris, 2005.

- Girard Renaud, « Les occidentaux continuent leurs chemins vers de nouvelles sanctions », Le Figaro, 18 décembre 2007.
- « Globalisation- 2008 », Risques internationaux n°97, 15 avril 2008.
- Gomart Thomas, « L'Europe dans la politique étrangère russe : nécessaire, mais plus suffisante », Russie.Nei.Visions, n°50, IFRI, Paris, mai 2010.
- Gourdin Patrice, « Géopolitiques », Choiseul, Paris, 2010.
- Griffante Andrea, « L'électricité après Tchernobyl, le grand marché européen s'organise », regards sur l'Est, 1er avril 2006.
- Grynzpan Emmanuel, « Poutine dénonce les spéculateurs étrangers », La Tribune, 3 décembre 2008.
- Hancok Michael, « Les développements en cours en matière de non-prolifération et de désarmement nucléaire », Doc c/2052, Rapport de l'Assemblée européenne de sécurité et de défense, Assemblée de l'Union de l'Europe Occidentale, 4 novembre 2009.
- Harel Xavier, « Les pays exportateurs de matières premières rodés face à la crise », La Tribune, 10 décembre 2008.
- Heisbourg François, « Bombe iranienne : attention aux réactions en chaîne », L'Expansion, décembre 2007.
- Hourcade Bernard, « Quelques éléments sur l'Iran du XXIe siècle », Conférence ARRI, Paris, 8 avril 2010 ; « Géopolitique de l'Iran », Armand Colin, Paris, 2010.
- Hugueux Vincent, « Iran, l'état d'alerte », Ed. L'Express, Paris, 2010.
- IISS, Londres, 2009.

- « Iran and the question of sanctions », 28 août 2009, www.stratfor.com
- Jablanczy Adrienne, « Les fonds, fonds éthiques et fonds souverains musulmans dans l'immobilier : phénomène de mode ou tendance lourde ? », Association Immobilier & Perspectives, Chambre de commerce et d'industrie de Paris, Paris, 20 février 2008.
- Jacquelot Patrick (de), « Le nucléaire civil pèse sur le dialogue indo-américain », La Tribune, 4 juin 2010.
- Jaffrelot, Christophe, « Le Pakistan- Entre pouvoir militaire, islamisme et démocratie », De vive voix, Paris, 2008.
- Jégo Marie, « Les déclarations à répétition placent la Russie en situation délicate », Le Monde, 13 janvier 2009.
- « Joint statement by the President of the USA and the President of the Russian Federation on the Expiration of the Strategic Arms Reduction Treaty (Start 1), 4 décembre 2009. www.whitehouse.gov
- KB Intelligence, mars 2010.
- Kellner Thierry et Therme Clément, « Les ententes multipolaires de l'Iran- Aspects russe et asiatique de la politique étrangère de Téhéran », Politique étrangère 4, 2007.
- Khosrokhavar, « Political economy of the Iranian nuclear industry », EHESS, Paris, 2006.
- Kirienko Sergei, « Le nucléaire russe répond aux normes internationales », Le Monde, 27 décembre 2008.
- Kupchan C.A., « How enemies become friends », Princetone University Press, 2010.
- Kommersant, 29-30 juillet 2008.
- Kwang-Hu Lee, « Rupture of inter-Korean ministerial talks », Vantage Point, vol.19, n°8, août 2006.

- La Grange Arnaud (de), « Le théâtre d'ombres de la Corée du Nord », Le Figaro, 26 mai 2010.
- Lantgweische, « Atomic Bazaar- Comment l'arme nucléaire est devenue l'arme du pauvre ? », Allia, Paris, 2010.
- Lasserre Isabelle, « L'ONU projette un Moyen-Orient sans armes nucléaires », Le Figaro, 31 mai 2010.
- La Tribune, 24 mars 2010.
- Lauvergeon Anne et Jamard Michel H., « La troisième révolution énergétique », Plon, Paris, 2010.
- « L'écheveau coréen se complique », TTU n°761, 2 juin 2010.
- Le Figaro, 25 et 28 décembre 2006.
- Le Guelle Georges, « Doctrine et arsenaux nucléaires après le traité de Prague », Politique étrangère, 2 : 2010 ; « Les armes nucléaires- Mythes et réalités », Actes Sud, Paris, 2009.
- « Le nucléaire », Passages n°163, 2e trimestre 2010.
- « L'Inde au seuil de l'AIEA », RFI, 23 juillet 2008.
- « L'Iran », Assemblée européenne de sécurité et de défense, Assemblée de l'Union de l'Europe Occidentale, Doc A/2078, 1er juin 2010.
- « Iran-Cuba : liaisons dangereuses ? », TTU n°7959, 19 mai 2010.
- Le Monde, 30 décembre 20056 ; 10 décembre 2006.
- Lettre n°5- « Bill Gates va-t-il révolutionner l'énergie nucléaire ? », Passages 2050, avril 2010.
- « Le secteur de l'énergie » Les Cahiers du FSI N°1 Mai 2012.
- Lodgard S. et Maerli B, « Nuclear proliferation and international security », Routeledge, Londres, 2007.
- Hervé Machenaud, « Le nucléaire face à la transition énergétique- les perspectives à long terme et la stratégie internationale des politiques nucléaire », conférence ADAPES-PASSAGE, 8 juin 2012.

- Madelin Thibault, « Nucléaire : la Suède accepte de construire de nouvelles centrales », Le Figaro 21 juin 2010.
- Maghreb confidentiel, 27 mai 2010.
- Malbrunot Georges, « L'Europe a portée du nouveau missile iranien », Le Figaro, 28 novembre 2007.
- Mandeville Laure, « la reconquête russe », Grasset, Paris, 2008.
- Manière Xavier, « Les conséquences géopolitiques de l'émergence de puissances nucléaires, militaires en marge de la communauté internationale », 22 novembre 2009.
- Marillier Frédéric, « EPR, l'impasse nucléaire », Syllepse, Paris, 2008
- Mathon Sylvain, « A quand le retour de l'uranium? » (II), L'Edito des matières premières, 7 mars 2008 ; « La spéculation bat son plein sur les mines d'uranium depuis le début de l'année (I) et (II) », L'Edito des matières premières, 7 mars 2008.
- Mahmanparast Ramin (Déclarations), porte-parole du Ministère iranien des Affaires étrangères, Irna, 17 mai 2010.
- Ministère argentin des relations extérieures, « Visita de Estado de la Presidenta Critina Fernandez de Kirchner une Brasil : Declaracion conjunta, Brasilia, 8 septembre 2008.
- Ministère brésilien de la Défense, « EM interministeriel n°00437/md/sae-pr, 17 décembre 2008.
- Mesmer Philippe, « A qui profitent les Kim », L'Express, 2 juin 2010.
- Métivier Henri, « Plutonium- Mythes et réalités », EDP Sciences, Paris, 2010.
- Mevel Jean-Jacques, « Bruxelles va enquêter sur Areva et Siemens », Le Figaro, 2 juin 2010.

- Milcent Blandine, « Nucléaire : le prix d'un « Nein » » L'Express 28 septembre 2011.
- Millendorfer Angelika, « Les nombreux atouts de la sidérurgie russe », La Tribune, 27 mars 2008.
- Miller James, Déclarations, 20 avril 2010.
- Milliat Laurent, « Dexia Asset Management », décembre 2006.
- Ministère Lituanien des Affaires Etrangères, Vilnius, juillet 2010.
- Minoui Delphine, « L'Iran provoque les Etats-Unis dans le Golfe », Le Figaro, 8 janvier 2008.
- Minoui Delphine et Picard Maurin, « Téhéran signe un accord nucléaire avec la Turquie et le Brésil », Le Figaro, 18 mai 2010.
- Moberg Jonas, « Les sociétés doivent rendre compte de ce qu'elles paient aux Etats, et les Etats de ce qu'ils perçoivent », Le Monde-Economie, 12 février 2008.
- Molga Paul, « Hiper lance la fusion thermonucléaire low cost », Les Echos, 17 mai 2010.
- Monicault Frédéric (de), « Coup d'accélérateur pour l'énergie hydraulique », le Figaro 5 juin 2012 ; «Sans le nucléaire, la facture énergétique de la France exploserait », Le Figaro, 22 septembre 2011.
- Mons Ludovic, « Les enjeux de l'énergie » Larousse Paris 2011.
- Montialoux Claire, « L'envolée des prix des matières premières », regards croisés sur l'économie, Comprendre la finance contemporaine, La Découverte, Paris, mars 2008.
- Mukhatzhanovo Gaukar, « Russian nuclear industry reforms : consolidation and expansion », www.ncs.miis.edu:stories/070522.htm
- New York Times, 12 avril 2010.

- « No back channel talks with Pak, says India », The Times of India, 28 septembre 2009.
- Nodé-Langlois Fabrice, « Obama prépare l'après pétrole », Le Figaro, 13 juin 2010 ; « Medvedev critique Poutine sur l'application des mesures de relance », Le Figaro, 13 janvier 2009 ; « Moscou créé une banque d'uranium », Le Figaro, 29 mars 2010.
- Noualhat Laurence, « Déchets- La cauchemar du nucléaire », Seuil, Arte éditions, Paris, 2009.
- Nougayrède Nathalie, « Vers de nouvelles sanctions européennes contre l'Iran », Le Monde, 17 juin 2010 ; « Faut-il craindre une prolifération au Moyen-Orient ? », Le Monde, 26 mai 2010.
- Nougayrède Nathalie et Stolz Joëlle, « L'AIEA redoute la présence d'autres sites nucléaires clandestins en Iran, à l'instar de celui de Qom », Le Monde, 18 novembre 2009.
- « Nucléaire : AREVA coopère avec les chinois au Royaume-Uni », Les Echos, 9 juillet 2012.
- Oursé Luc, « La politique énergétique de la France mérite mieux » Les Echos, 21 novembre 2011.
- Orlov Alexandre, Conférence : « La Russie, puissance énergétique et diplomatique. Quels partenariats possibles avec l'Europe ? », Passages, 15 mai 2010.
- Oxford Analytica, décembre 2006.
- Percebois Jacques, « Le nucléaire face à la transition énergétique-Les perspectives à long terme et la stratégie internationale des politiques nucléaires » ADAPES-PASSAGE, 8 juin 2012.
- Percebois Jacques et Mandil Claude, « Rapport énergie 2050 », Ministère des Finances et de l'Industrie, Paris Février 2012.
- Piebalgs, Andris, Bruxelles, 26 novembre 2006.
- Plessis Laurent Arthur (du), « L'Iran dans la 3e guerre mondiale », Ed. Jean Cyrille Godefroy, Paris, 2005.

- Pollack J. D., « North Korea's Nuclear Weapons Development. Implications for future policy », Proliferation Papers n°33, IFRI, Paris, printemps2010.
- Pons Philippe, « Sanctions accrues conte la Corée du Nord », Le Monde, 25 mai 2010 ; « Pyongyang mise sur Pékin pour éviter des sanctions après le naufrage du « Cheonan », Le Monde, 22 mai 2010 ; « Affaiblie, la Corée du Nord se tourne vers la Chine », Le Monde, 4 mai 2010 ; « Les deux Corées sur la vois de la paix ? », Le Monde.fr, 18 octobre 2007.
- Prasquier Richard, « Iran, le nucléaire proliférant », Le Monde, 31 mai 2007.
- Q. B., « Moscou rêve de bâtir un centre international d'uranium enrichi », Le Echos, 21-22 novembre 2008.
- Ramberg Bennett, « Living with nuclear North Korea », Survival, volume 51, n°4.
- Rapport d'évaluation n°3 de la Commission nationale d'évaluation des recherches et études relatives à la gestion des matières et des déchets radioactifs », La Documentation française, Paris, juillet, 2009.
- Rapport IISS, mai 2010.
- Rapport 2008 « Traitement des combustibles usés provenant de l'étranger dans les installations AREVA NC de La Hague », Areva, Paris, 2008.
- RBK Daily, 23 juillet 2008.
- « Reactivation nuclear », Presidency of Argentina, 23 juin 2008.
- Résolution du Conseil de sécurité des Nations Unies, 28 avril 2004.
- Reuters, 16 novembre 2007.
- Reyne Maurice, « Les énergies- Comparaisons techniques et socio-économiques », Hermès-Lavoisier, Paris, 2009.

- Rice Condoleezza, « Opening Statement by Dr. Condoleezza rice- Senate Foreign Relations Committe », US Senate Foreign Relations Committee, Etats-Unis, 18 janvier 2005.
- Rolina Grégory, « Sûreté nucléaire et facteurs humains- La fabrique française de l'expertise », Mines ParisTech, Presses des Mines, Collection économie et gestion, Paris, 2009.
- Roudaut Yannick, « Les spécialistes de l'énergie demeurent incontournables », Le Monde, 14-15 décembre 2008.
- « Russie-Analyse macroéconomique », Mineie, Dgtpe, novembre 2008.
- « Russie : puissance ou interdépendance énergétique ? », Rapport d'information n°182, Sénat, 17 décembre 2010.
- Schneider Bernard, « L'Inde, l'avènement d'une grande puissance », Ed. d'organisation, Paris, 2006.
- Service canadien du renseignement de sécurité : « L'Iran : les multiples avenirs d'une puissance régionale », Série « regards sur le monde : avis d'experts », Points saillants de la conférence, Conférence des 30-31 mars 2009, Ottawa, Canada.
- « Siemens met les bouchées doubles dans les énergies renouvelables », La Tribune, 21 septembre 2011.
- Simon Yves et Lautier Delphine, « Marchés dérivés de matières premières », Economica, Paris, 2006.
- Solanna Javier, Session plénière, Bruxelles, 30 janvier 2008.
- Sorin François, « Le nucléaire et la planète- 10 clefs pour comprendre », Grancher, Paris, 2009.
- Squassoni Sharon, www.csis.org/publication/nuclear-posture-review

- Stapleton Craig, « Les promesses de l'énergie nucléaire, le défi de la prolifération », Défense nationale, avril 2006.
- Steinvorth Daniel, « L'énergie nucléaire comme trouble-fête du débat politique », Friedrich Ebert Stiftung, avril 2006.
- Studen Elizabeth, « Russie : restructuration en vue de l'industrie nucléaire », Le blog finance, 27 avril 2007.
- Tertrais Bruno, « Le marché noir de la bombe-Enquête sur la prolifération nucléaire », Buchet Chastel, Paris, 2010 ; « Iran, la prochaine guerre », Le Cherche midi, Paris, 2007.
- The Times, 3 janvier 2006.
- Tinturier Bernard, « Nucléaire civil et militaire : le risque de prolifération ? », Regards sans frontières, ARRI, Paris, mai 2007.
- Tur Gérard, « Nucléaire : Iter entre dans le vif du sujet », La Tribune, 29 novembre 2007.
- « Transcript of IAEA Director General Remarks at Joint Press Conference with Atomic Energy organisation of Iran », Téhéran, Iran, 4 octobre 2009.
- Tricoire Jean-Paul, « Schneider aura intégré Areva Distribution au début de 2011 », Les Echos, 8 juin 2010.
- « Un nouveau programme à long terme de développement de l'industrie nucléaire vient d'être approuvé en Russie », Voix de la Russie, 30 juillet 2007.
- Vernier Jacques, « Les énergies renouvelables », Paris, 2012.
- Villepin Xavier (de), « Prolifération nucléaire : quelles réponses aux crises ? », Sénat n°388, Paris, 2003-2004.

- Vinatier Laurent, « La Russie et l'Europe peuvent former un couple gagnant », le Figaro, 14 novembre 2008.
- Vitureau Marielle, « Construira, construira pas une centrale pour les Etats baltes ? », Regards sur l'Est, 1er avril 2004.
- World Bank 2011.
- World Nuclear Association, 2009.
- WEO et WNA, 2010.
- Yomiuri, 26 décembre 2006.
- Young-Kwan Yvon, « Le joueur Nord-Coréen », Le Figaro, 22 mai 2010.
- Zahab Mariam Abou, « Pakistan : entre implosion et éclatement ? », Politique Etrangère n°2/2006.

Sitographie

- www.ademe.fr
- www.aiea.int
- www.america.gov
- www.areva.com
- www.areva.org
- www.armscontrol.org
- www.arxam.com
- www.asn.fr
- www.atomenergoprom.com
- www.bipartisan.org/news/press-release/2009/09/%E2%80%9ctime-running-out%E2%80%9D-prevent-nuclear-iran
- www.canergieendowment.org/mpp
- www.cea.nic.in
- www.conferenceparis-nucleairecivil.org
- www.crisisgroup.org
- www.defense.gov
- www.economy.gov.ru

- www.edf.com
- www.electronuclear.bov.br
- www.elysee.fr
- www.enel.it
- www.erdf.org
- www.fas.org/nukel/guide/pakistan/facility/chahshma.htm
- www.gazprom.ru
- www.government.ru
- www.heritage.org
- www.hfd.minefi.gouv.fr
- www.hiper-laser.org
- www.huffingtonpost.com/joe-cirincione/autmanevering-iran_b_300255.html
- www.iaea.org
- www.ier.gouv.fr
- www.iter.org
- www.inter.rao.ru
- www.jrc.cec.eu.int
- www.juancole.com/2009/10/obama-pwns-bush-cheney-on-iran-first.html
- www.kazatomprom.kz
- www.lemonde.fr
- www.lexpress.fr
- www.mercosur.org.uy
- www.minatom.ru
- www.moi-syria.com
- www.na-sa.com.ar
- www.newamerica.net/publication/articles/2009
- www.nuclear.ru
- www.obsarmorg
- www.paec.gov.pak/kanupp/
- www.pbs.org
- www.proatom.ru
- www.protectionnisme.eu

- www.risa.collectifs.net
- www.rosatom.ru
- www.rosatom.ru/news/379_1.02.2007
- www.securitynationaljournal.com
- www.state.gov/r/pa/prs/dpb/2010/03/139201.htm
- www.stratfot.com
- www.swp-berlin.org
- www.un.org
- www.untreaty.ru.org
- www.upi.com/energy_uranium_plans_may_inclued_n_korea/2007-115657-237r/
- www.usinenouvelle.com
- www.washingtonpost.com
- www.whitehouse.gov
- www.world-nuclear.org
- www.world-nuclear.org/info/inf45html

L'HARMATTAN, ITALIA
Via Degli Artisti 15; 10124 Torino

L'HARMATTAN HONGRIE
Könyvesbolt ; Kossuth L. u. 14-16
1053 Budapest

ESPACE L'HARMATTAN KINSHASA
Faculté des Sciences sociales,
politiques et administratives
BP243, KIN XI
Université de Kinshasa

L'HARMATTAN CONGO
67, av. E. P. Lumumba
Bât. – Congo Pharmacie (Bib. Nat.)
BP2874 Brazzaville
harmattan.congo@yahoo.fr

L'HARMATTAN GUINÉE
Almamya Rue KA 028, en face du restaurant Le Cèdre
OKB agency BP 3470 Conakry
(00224) 60 20 85 08
harmattanguinee@yahoo.fr

L'HARMATTAN CAMEROUN
BP 11486
Face à la SNI, immeuble Don Bosco
Yaoundé
(00237) 99 76 61 66
harmattancam@yahoo.fr

L'HARMATTAN CÔTE D'IVOIRE
Résidence Karl / cité des arts
Abidjan-Cocody 03 BP 1588 Abidjan 03
(00225) 05 77 87 31
etien_nda@yahoo.fr

L'HARMATTAN MAURITANIE
Espace El Kettab du livre francophone
N° 472 avenue du Palais des Congrès
BP 316 Nouakchott
(00222) 63 25 980

L'HARMATTAN SÉNÉGAL
« Villa Rose », rue de Diourbel X G, Point E
BP 45034 Dakar FANN
(00221) 33 825 98 58 / 77 242 25 08
senharmattan@gmail.com

L'HARMATTAN TOGO
1771, Bd du 13 janvier
BP 414 Lomé
Tél : 00 228 2201792
gerry@taama.net

Achevé d'imprimer par Corlet Numérique - 14110 Condé-sur-Noireau
N° d'Imprimeur: 92857 - Dépôt légal: novembre 2012 - *Imprimé en France*

www.ingramcontent.com/pod-product-compliance
Lightning Source LLC
LaVergne TN
LVHW011041061026
849535LV00006B/2106
9782296997974